Raphael Erlanger

Zur Entwicklung von Paludina vivipara

Raphael Erlanger

Zur Entwicklung von Paludina vivipara

ISBN/EAN: 9783744667302

Hergestellt in Europa, USA, Kanada, Australien, Japan

Cover: Foto ©ninafisch / pixelio.de

Weitere Bücher finden Sie auf **www.hansebooks.com**

Zur

Entwicklung von Paludina vivipara.

Inaugural-Dissertation

der

Naturwissenschaftlich-Mathematischen Fakultät der Ruperto-
Carolinischen Universität Heidelberg

zur

Erlangung der Doktorwürde

vorgelegt

von

R. v. Erlanger.

Mit vier Tafeln.

Leipzig

Wilhelm Engelmann

1891.

Separat-Abdruck aus: Morpholog. Jahrbuch. XVII. Heft 3.

I. Theil.

Wie ich schon in einer vorläufigen Mittheilung erwähnte[1], hatte ich mir bei dieser Untersuchung vorgenommen, speciell die Entwicklung des Herzbeutels, des Herzens und der bleibenden Niere zu studiren. Da nun das Perikard und der secernirende Theil der Niere aus dem Mesoderm entstehen, wurde ich veranlasst, auch dem Ursprung des mittleren Keimblattes nachzuforschen, sowie der Bildung der Urniere, welche sich ebenfalls aus dem Mesoderm entwickelt, einige Aufmerksamkeit zu widmen. Weiter musste ich die Entstehung des Ausführganges der Niere, obgleich dieser aus dem Ektoderm hervorgeht, wegen des Zusammenhanges mit der Niere berücksichtigen. Ich hoffe in einer späteren Arbeit, die Entwicklung des Nervensystems, von der ich bereits einen kurzen Überblick gegeben habe, so wie die der Sinnesorgane und des Geschlechtsapparates behandeln zu können.

Das Material zu dieser Untersuchung wurde aus verschiedenen Quellen bezogen; den größten Theil davon verdanke ich der Freundlichkeit des Herrn Lehramtspraktikanten Förster in Mannheim, dem ich an dieser Stelle meinen Dank aussprechen möchte

---

[1] Zur Entwicklung von Paludina vivipara. Vorläufige Mittheilung. Zool. Anzeiger. Nr. 357. 1891.

Die von ihrer Eiweißhülle mit Hilfe von Präparirnadeln befreiten Embryonen wurden zum Theil lebend in einer zu diesem Zweck bereiteten Eiweißlösung (20 ccm Eiweiß, 1 g Kochsalz und 200 ccm Wasser) untersucht, zum Theil behufs weiterer Präparation mit verschiedenen Konservirungsflüssigkeiten behandelt. Vor der Fixirung ist es jedoch nothwendig den Embryo durch Abspülen mit 0,6%iger Kochsalzlösung vom anhaftenden Eiweiß zu befreien, da dieses sonst gerinnt. Von Konservirungsflüssigkeiten wurde die FLEMMING-sche Chromosmiumessigsäure, Pikrinschwefelsäure und Pikrinessigsäure verwendet. Am günstigsten erwies sich Pikrinschwefelsäure (nach KLEINENBERG), zu welcher einige Tropfen einer 0,5%igen Osmiumsäure zugesetzt wurden. Die verschiedenen Gewebe werden darin ausgezeichnet fixirt und die Embryonen erleiden keine nennenswerthe Schrumpfung. So sind auf meinen Präparaten die feinsten Wimpern noch ganz gut auf Schnitten zu erkennen und die verästelten Zellen des Mesoderm wie im lebenden Zustand erhalten. Die Embryonen wurden je nach der Größe 5—20 Minuten in der Fixirungsflüssigkeit gelassen und nachher mit 75%igem Alkohol sorgfältig ausgewaschen.

Als Färbemittel wurden vorzugsweise Alaunkarmin und Alaunkochenille gebraucht, da Hämatoxylin schlecht durchdringt und Boraxkarmin, wegen des nachträglichen Ausziehens mit angesäuertem Alkohol einen nachtheiligen Einfluss auf die sehr empfindlichen Embryonen ausübt.

Die gefärbten Präparate wurden, nach vorausgegangener Entwässerung und Aufhellung, in Dammarlack eingeschlossen. Legt man feine Glasfäden unter das Deckglas, an welchem Wachsfüßchen angebracht wurden, so lassen sich die Embryonen nach Wunsch drehen, so dass man sie in jeder beliebigen Lage untersuchen kann, was für das Verständnis von großer Wichtigkeit ist. Ganz junge Stadien lassen sich nur auf diese Weise in toto genügend untersuchen, da der Dotter sie undurchsichtig macht; ältere Embryonen können auch lebend untersucht werden, jedoch lassen sie sich nicht gut drehen; daher ist es besser sie zu färben und in Dammarlack zu untersuchen. Entfernt man die vordere Hälfte durch einen Schnitt, so lässt sich das beschalte Hinterende nach der eben beschriebenen Methode bequem drehen.

Wenn man auch die topographischen Verhältnisse am ganzen Embryo übersehen kann, so ist es zur Erforschung des Zusammenhangs der Organe und ihrer histologischen Beschaffenheit unerlässlich Schnittserien anzufertigen. Daher machte ich Schnittserien durch alle Stadien und zwar in transversaler, horizontaler und sagittaler Richtung. In Bezug auf die Orientirung bemerke ich, dass ich mir den Embryo stets in der Lage denke. welche die erwachsene Schnecke beim Kriechen einnimmt. Die Seite, auf welcher der Fuß sich befindet, wird daher als die ventrale bezeichnet. Aus den Serien wurde mehrfach das Hinterende des betreffenden Stadiums rekonstruirt, indem die Schnitte zuerst einzeln auf Pauspapier und dann über einander gezeichnet wurden. Dies Verfahren war namentlich zur Ermittlung des Zusammenhanges der Niere mit dem Herzbeutel einerseits und ihrem Ausführgang andererseits von großem Nutzen.

Die Orientirung der ersten Stadien, zum Anfertigen von Schnitten, stößt, wegen der außerordentlichen Kleinheit der Embryonen, auf beträchtliche Schwierigkeiten. Ich bediente mich folgender Methode, welche eine annähernde Orientirung der Anfangsstadien gestattet.

Die Embryonen wurden in kleinen Uhrgläsern, in wenig Paraffin eingebettet, so dass man ihre Lage im erstarrten Paraffin unter einem starken Trockensystem feststellen konnte, dann herausgeschnitten und in der gewünschten Lage auf einen größeren Paraffinblock aufgeschmolzen.

Bei jungen noch symmetrischen Embryonen fällt die Längsachse annähernd mit der Verbindungslinie der zwei von einander am weitesten entfernten Punkte zusammen und diese habe ich daher für die Schnittrichtung als maßgebend beibehalten, da sie die einzige ist, welche leicht festgestellt werden kann. Sobald der Embryo die äußere Gestalt des ausgewachsenen Thieres angenommen hat, wird die Orientirung ohne Weiteres verständlich.

Die Querschnitte sind senkrecht zu dieser Längsachse geführt und zerlegen den Embryo von vorn nach hinten in Scheiben. Horizontale Schnitte sind parallel zu dieser Achse und senkrecht zur Medianebene geführt und zerlegen den Embryo vom Rücken nach dem Bauch zu fortschreitend.

Sagittale Schnitte sind ebenfalls parallel zur Längsachse geführt, schreiten aber von einer Seite zur anderen.

Die morphologische Längsachse fällt mit der von mir angenommenen nicht zusammen, konnte aber aus praktischen Rücksichten nicht zur Orientirung für die Schnitte verwendet werden.

Da ich die Embryonen von mehr als Tausend Paludinen konservirt und mehrere Hunderte von Präparaten und Schnittserien untersucht habe, glaube ich, dass ich kein wichtiges Stadium übersehen habe und dass meine Beobachtungen eben so lückenlos sind, als ob ich die Entwicklung einer eierlegenden Form studirt hätte. Ich erwähne dies hier, weil SARASIN (18) Paludina als vivipar für ein ungeeignetes Objekt erklärt hat.

Zur Zeit, wo ich anfing, die Entwicklung des Mesoderms zu untersuchen, waren die Furchungsstadien sehr selten. Ich verzichtete daher auf das Studium der Furchung, wozu ich mich um so mehr berechtigt glaubte, als schon von mehreren Forschern keine Spuren von Mesoderm vor dem Gastrulastadium gefunden werden konnten.

Geht man von einer ausgebildeten Gastrula aus (Taf. XX Fig. 1), an welcher der Urmund (B) länglich oval ist, so sieht man an derselben nur Ektoderm und durch Invagination entstandenes Entoderm (Ur, welche von einander durch eine nicht sehr weite Furchungshöhle (F) getrennt werden. Zwei Richtungskörper (r) bezeichnen den animalen, dem Urmund (B) gegenüberliegenden Pol. Die bilaterale Symmetrie ist schon in verschiedenen Merkmalen ausgeprägt. Der Urmund ist länglichoval und seine Längsachse dorsoventral gelagert (was sich aus dem Vergleich mit älteren Stadien ergiebt). Die Gestalt des Urdarmes ist verschieden, je nachdem man das Ei von der Rücken- resp. der Bauchfläche oder von der Seite betrachtet, da derselbe seitlich zusammengedrückt ist. Die Zellen sind auf diesem Stadium alle unter einander gleich und es ließen sich an keiner der zahlreichen Gastrulae, welche ich untersuchen konnte, Urmesodermzellen konstatiren, auch an ganz jungen, an welchen der Einstülpungsvorgang noch deutlich zu erkennen ist, war nichts von solchen zu bemerken. Solche Zellen sind auch, wie ich schon erwähnt habe, von keinem der Beobachter, welche früher die Entwicklung von Paludina studirten, gesehen worden. Alle Zellen sind cylindrische bis kegelförmige Epithelzellen, mit deutlichem Kern und zeigen in ihrem Protoplasma eingelagerte Dotterkörnchen, welche das Ei im Leben ziemlich undurchsichtig machen.

Ein folgendes Stadium (Taf. XX Fig. 2) unterscheidet sich vom vorhergehenden etwas in Größe und Gestalt. Unter den Ektodermzellen zeichnen sich auf dem optischen Längsschnitt jederseits zwei (V V) durch besondere Größe und hellere Färbung aus und gehören zur Anlage des Velums. Das Velarfeld umgreift etwa die animale oder vordere Hälfte des Embryo: da deren Zellen sich weniger intensiv färben als die übrigen Ektodermzellen, so erscheint die hintere Hälfte des Embryo viel dunkler. Der Urmund (B) ist sehr stark verengt und oft nur mit Mühe zu erkennen, und erscheint in der Flächenansicht als ein schmaler Spalt, von dem eine Rinne ausgeht und sich ziemlich weit dorsalwärts erstreckt. Auf diesem Stadium sieht man, dass der Urdarm sich seitlich und ventralwärts ausbuchtet. Die seitlichen Ausbuchtungen (c c) lassen sich schon ganz gut in ventraler oder dorsaler Ansicht (wie sie die Figur zeigt) beobachten.

Betrachtet man das Ei von dem animalen oder vegetativen Pol, so erkennt man, dass die Ausbuchtung eine einheitliche ist und dass sie, wie es aus dem Vergleich mit späteren Stadien hervorgeht, welche die Anlage der Schalendrüse als Verdickung des Ektoderms der Dorsalseite zeigen, nur ventral und lateralwärts hervortritt. Die Zellen der Ausstülpung hängen unter einander lockerer zusammen als die übrigen Entodermzellen, welche alle an Höhe abgenommen haben. Diese Ausstülpung des Urdarmes ist die Anlage des Mesoderms.

Auf einem etwas älteren Stadium hat sich die Mesodermanlage schon deutlicher vom Darm abgegliedert (Taf. XX Fig. 3).

In seitlicher Ansicht (Fig. 3) sieht man, dass der Urdarm sich in zwei Schläuche gesondert hat, welche beide an ihrem Hinterende zusammenhängen und durch den Blastoporus ausmünden. Der ventral gelegene kürzere Schlauch C ist die Anlage des Mesoderms und sein Lumen das Cölom; der dorsale längere Schlauch D die Anlage des Darmes. Der Urmund, welchen man schon als den After bezeichnen darf, da der Darm als solcher bereits deutlich zu erkennen ist, hat sich im Vergleich zum vorhergehenden Stadium, wo er überhaupt am engsten ist, wieder etwas erweitert. Durch Verschiebung des Tubus kann man erkennen, dass die Anlage des Cöloms eine einheitliche und unpaare ist, noch besser tritt dies bei Betrachtung von der Ventralseite hervor (Taf. XX Fig. 4). Hier sieht man das Cölom (C) als einen weiten Sack ventral von dem engeren Darm (D) liegen und erkennt, dass der Mesodermsack nach vorn in zwei kurze Zipfel ausläuft. Die Zellen des Mesoderms hängen ziemlich locker zusammen und beginnen schon auf diesem Stadium aus einander zu weichen, was die Beobachtung erschwert; sie sind daher auch, der größeren Deutlichkeit wegen, näher an einander und regelmäßiger gezeichnet, als sie in Wirklichkeit erscheinen.

Die Auflösung des Mesoderms erfolgt hauptsächlich in der ventralen Mittellinie, wie es auf einem Querschnitt durch ein solches Stadium (Taf. XX Fig. 15) ersichtlich wird. Dieser Schnitt geht etwa in der Mitte des Embryo, dicht hinter dem Velum, und schneidet den Mesodermsack (c) da, wo dieser seine größte Ausdehnung hat. Man sieht den Darm (D) deutlich mit dem Cölom kommuniciren. Der

Mesodermsack hat etwa die Gestalt eines Halbmondes und sein Lumen ist bedeutend weiter als das des Darmes. Fig. 14 stellt einen Schnitt durch dasselbe Ei, der dicht vor dem Blastoporus geführt wurde, vor, und erläutert die Bildung von Darm und Cölom. Es ist daraus ersichtlich, dass der Darm dorsalwärts, das Cölom ventralwärts und seitlich durch Abfaltung entsteht. Auf dem Schnitt Fig. 14 ist der Zusammenhang der Zellen ein viel innigerer als auf dem weiter nach vorn gelegenen Schnitt Fig. 15.

Auf demselben Stadium kann man ferner bei seitlicher Ansicht (Fig. 3) erkennen, dass das Ektoderm der Dorsalseite (Sch) dicker geworden ist als das der ventralen Seite; damit ist die Stelle, an welcher später die Schalendrüse sich einstülpt, bezeichnet. Etwa bis zu dieser Stelle erstreckt sich die schon erwähnte Rinne, welche vom Blastoporus ausgeht und wohl der Verwachsungsstrecke des Urmundes entsprechen dürfte.

Bald schnürt sich der Cölomsack ganz vom Darm ab und liegt bei seitlicher Ansicht ventralwärts von demselben (Taf. XX Fig. 6). Dasselbe zeigt ein Querschnitt durch ein entsprechendes Stadium (Fig. 13).

Man sieht hier, dass das Cölom den Darm in Gestalt eines Halbmondes umgiebt, d. h. dass der Darm in die Konkavität des Mesodermsackes eingebettet ist. Der Vergleich mit Fig. 15 ergiebt, dass das Cölom, dorsalwärts wachsend, den Darm mehr und mehr umgreift. Hier fällt schon (Fig. 13) ein scharfer Unterschied zwischen der Beschaffenheit der Zellen des Darmes einerseits und der des Mesoderms andererseits auf. Letztere haben bereits Spindelform angenommen, während die Darmzellen in Gestalt von hohen Cylinderzellen das runde Darmlumen umgeben. Betrachtet man nun ein solches Stadium von der dorsalen Fläche (Fig. 5), so rufen die Theile des Cölomsackes, welche seitlich vom Darm liegen, den Eindruck von paarigen Cölomsäcken hervor (c c). Beobachtet man nun einen solchen Embryo vom After oder vom entgegengesetzten Pol, so fällt die bilateral-symmetrische Anlage des Mesoderms auf, welche schon die Aufmerksamkeit von früheren Beobachtern auf sich gelenkt hat, es ist jedoch sehr schwer, ohne Schnitte die gegenseitigen Beziehungen zwischen Darm und Cölom festzustellen.

Ferner erkennt man auch, dass der Darm im Vergleich zum vorhergehenden Stadium einen viel größeren Raum einnimmt, obgleich die Furchungshöhle noch deutlich erhalten ist. Letztere wird nun bald (Fig. 7 und 10) vollständig verdrängt, indem das viscerale und das parietale Blatt des Mesoderms mehr und mehr aus einander weichen und die Zellen des einen sich an die Wand des Darmes, die des anderen an das Ektoderm dicht anschließen. Fig. 7 stellt einen optischen horizontalen Durchschnitt, Fig. 10 einen wirklichen Horizontalschnitt durch ein solches Stadium dar. Der Embryo hat nun etwa den doppelten Durchmesser des Stadiums, auf welchem die erste Mesodermanlage zu sehen war, erreicht, jedoch zeigt ein Vergleich zwischen Fig. 7 und Fig. 10, welche bei derselben Vergrößerung gezeichnet sind, einen beträchtlichen Unterschied in der Größe zwischen Embryonen nämlicher Entwicklungsstufe, eine Erscheinung, welche mir im ganzen Lauf der Entwicklung wiederholt begegnete.

Die Beschaffenheit der Zellen der verschiedenen Keimblätter hat sich wenig verändert, aber man sieht schon (Fig. 7) die Wimpern des Velums ganz deutlich, und beim lebenden Embryo kann man auch in der Nähe des Afters eine Bewimperung beobachten. In den Velarzellen treten jetzt große Vacuolen auf, wodurch die hellere Färbung des Velums noch vermehrt wird.

Die Lagerung der Mesodermzellen wird bald (Fig. 11) eine ganz unregelmäßige und das mittlere Keimblatt wächst von beiden Seiten mehr und mehr gegen die dorsale Mittellinie zusammen. Ferner fällt ein bedeutender Dickenunterschied zwischen dem ventralen und dem dorsalen Ektoderm auf. Die dorsale Verdickung ist, wie erwähnt wurde, die Anlage der Schalendrüse.

Auch differenzirt sich jetzt die dorsale Darmwand von der ventralen in ihrer histologischen Beschaffenheit. Die Zellen der Dorsalwand behalten die hohe cylindrische Gestalt, diejenigen der ventralen vergrößern sich nach allen drei Richtungen des Raumes und zeigen in ihrem Inneren Vacuolen, Fetttropfen und Ansammlungen von sogenanntem Deutolecith. Sie stellen die Anlage der Leber vor, während aus der dorsalen Darmwand Magen und Enddarm entstehen.

Auf dem in Fig. 8 abgebildeten Embryo hat sich die Schalendrüse eingestülpt, sie besteht aus sehr hohen cylindrischen Epithelzellen, fängt dicht hinter dem Velum an, und erstreckt sich nach hinten bis zum After. Von der Fläche gesehen, erscheint sie als eine nahezu runde Zellplatte. Das Velum selbst steht auf der Längsachse des Embryo nicht mehr senkrecht, sondern schräg, und zwar rückt das Velarfeld mehr und mehr dorsal, wenn man als Längsachse die durch die zwei am weitesten von einander entfernten Punkte geführte Linie annimmt.

Endlich löst sich das Mesoderm (Fig. 9) ganz in die bekannten

Spindelzellen auf, welche die Leibeshöhle vollkommen regellos durchsetzen. Sie hängen unter einander durch feine Fortsätze zusammen, kleiden einerseits die Innenseite des Ektoderms, andererseits die äußere Darmwand aus und lassen unter einander zahlreiche Lückenräume in der Leibeshöhle frei.

Damit wäre die Entwicklung des Mesoderms bis zu dem Punkte geschildert, wo die Anlagen der verschiedenen Organe, die aus ihm hervorgehen, auftreten. In Anbetracht, dass die geschilderte Bildungsweise des Mesoderms bei Gasteropoden und den Mollusken überhaupt meines Wissens noch nicht beobachtet worden ist, erscheint es angezeigt, einen kurzen Überblick dessen, was über diesen Punkt bei den Gasteropoden bis jetzt beschrieben wurde, folgen zu lassen.

Was Paludina anbelangt, so hat schon BÜTSCHLI (Nr. 10 des Litteraturverzeichnisses) die Vermuthung geäußert, dass die Anlage des Mesoderms eine bilateralsymmetrische sei und fügt hinzu, dass sie auf dem optischen Querschnitt seitlich dick, dorsal und ventral dagegen dünn erscheine. Er beschreibt ferner die Entstehung der Leibeshöhle durch Sonderung des Mesoderms in Darm und Hautfaserblatt, zwischen welchen sich Spindelzellen ausspannen. Was den Ursprung des Mesoderms überhaupt betrifft, so vermuthet er, wegen der Ähnlichkeit in der Färbung, dass es vom Entoderm stammen muss. Im Laufe meiner Untersuchungen hatte Professor BÜTSCHLI die Freundlichkeit mir einige Skizzen, welche er im Jahre 1888 entworfen hatte, anzuvertrauen. Unter diesen befanden sich Abbildungen von Stadien, welche meiner Fig. 6 auf Taf. XX entsprechen und deutlich die bilateralsymmetrische Anlage des Mesoderms zeigen, jedoch konnte er den Zusammenhang zwischen Mesoderm und Urdarm nicht ermitteln.

BLOCHMANN (24) macht in einer Untersuchung, welche den Zweck hatte die Angabe von RAY LANKESTER[1] und BÜTSCHLI über den direkten Übergang des Blastoporus in den After zu prüfen, im Gegensatz zu RABL (23), welcher einen Verschluss des Urmundes und eine Umbildung des Afters behauptete, ebenfalls einige Angaben über die Anlage des Mesoderms.

Er findet dieselbe, wie schon BÜTSCHLI angegeben hatte, zwischen Ektoderm und Entoderm, konnte aber den Ursprung nicht näher bestimmen.

---

[1] E. RAY LANKESTER, On the coincidence of the Blastopore and Anus in Paludina vivipara. Quart. Journal Micr. Science. No. 64. 1876.

Was nun die anderen bis jetzt untersuchten Gasteropoden anbelangt, so gehen die Angaben über die Bildungsweise des Mesoderms sehr aus einander. Einige Beobachter lassen das mittlere Keimblatt aus dem Ektoderm, andere aus dem Entoderm entstehen.

Salensky (2) vermuthet, dass bei Calyptraea sinensis, der Ursprung des Mesoderms, welchen er nicht mit Sicherheit verfolgen konnte, ektodermal ist.

Bobretzky (11) sah bei Nassa mutabilis einige große, langsam sich theilende Zellen, neben dem Rande der Keimscheibe, von den benachbarten Zellen bedeckt und in die Furchungshöhle hinein gedrängt werden und betrachtet sie als die Anlage des Mesoblasts. Die Zellen selbst leitet er vom Entoderm ab. Bei Fusus lässt er das Mesoderm aus einer Umbiegung des Blastoderms am Urmund hervorgehen.

Fol (7) äußert bei den Pteropoden die Vermuthung, dass die wenigen Mesodermzellen, welche sich gegen das Ende des embryonalen Lebens. theils in der Kopfgegend über dem Munde. theils in der Gegend des Afters zeigen, dem Ektoderm entstammen, glaubt dies aber nicht mit Bestimmtheit behaupten zu können. Die Leibeshöhle gehe direkt aus der Furchungshöhle hervor. Bei den Pulmonaten (13) dagegen hat er zwei Urmesodermzellen, ventral am Ektoderm gelegen, beobachtet, deren Ursprung er nicht ermittelte.

Bestimmter lauten die Angaben von P. Sarasin (18), welcher in seiner Entwicklungsgeschichte von Bythynia das Vorkommen eines selbständigen, vom Ektoderm wohl geschiedenen Mesoderm überhaupt in Abrede stellt. Die Mesodermelemente entstehen nach ihm überall durch Auswanderung von Ektodermzellen. In einem gewissen Widerspruch mit dieser Behauptung steht die in derselben Arbeit an einer früheren Stelle befindliche Angabe. dass an der Übergangsstelle des Ektoderms in das Entoderm einige von der äußeren Lage abgeschnürte Zellen liegen. welche die ersten Mesodermzellen sein mögen. Ich glaube, dass bei Bythynia, wo auch keine Urzellen des Mesoderm gesehen worden sind, der Ursprung des Mesoderms ein ähnlicher wie bei Paludina sein wird.

Manfredi (22) lässt bei Aplysia das Mesoderm durch Delamination vom Ektoderm abstammen, ohne dafür andere Beweise geltend zu machen, als dass er keine Urzellen des Mesoderms finden konnte.

SALENSKY (26) leitet bei **Vermetus** das Mesoderm **vom Ekto-derm** her, betont aber, **dass es ihm viel** Mühe gekostet **hat dies festzustellen.** Das mittlere Keimblatt **soll** nach ihm zuerst **aus we-nigen** zerstreuten **Zellen** bestehen und durch Delamination **aus dem Ektoderm** entstehen. **Er hebt** besonders **hervor, dass dieser Vor-gang durch direkte Kerntheilung erfolgt. Er unterscheidet** ferner **zwei getrennte Anlagen des Mesoderms.** von denen die eine paarig **und bilateral symmetrisch ist und in der Nähe des** Blastoporus ent-steht, die andere, welche er perikardiales Mesoderm nennt, soll **aus dem Ektoderm der** Schalendrüse hervorgehen. Die Leibeshöhle bildet sich erst sehr spät im Fuß, durch Auseinanderweichen des Meso-derms in ein parietales und ein viscerales Blatt. Urmesodermzellen ließen sich bei Vermetus nicht nachweisen.

WOLFSOHN's Arbeit über **Lymnaeus stagnalis** (14) ist mir nicht zugänglich gewesen, so dass ich nur über einen von ihm selbst verfassten Auszug berichten kann. In demselben theilt er mit, dass das Mesoderm im Inneren der Morula aus Blastodermzellen des vier-ten Stadiums (acht Zellen) entsteht, dass aber bald die Unterschiede zwischen den Zellen der drei Keimblätter schwinden. Die Meso-dermzellen werden dann bei der Gastrulation in das Innere der Ga-strula in der Nähe des Mundes hineingedrängt. WOLFSOHN be-merkt, dass er keine Gastrula ohne Mesoderm angetroffen hat, ob-gleich er sehr viele auf Schnitten untersucht hat. Der abgebildete Schnitt durch ein solches Stadium hat eine große Ähnlichkeit mit meiner Fig. 5 auf Taf. XX. und führt mich zu dem Schluss, dass auch bei Lymnaeus der Cölomsack sich vom Urdarm abschnüren dürfte.

RABL, welcher in seiner Ontogenie der Süßwasserpulmo-naten (5) dem Mesoderm einen ektodermalen Ursprung zuschrieb, fand bei **Planorbis** (12) zwei Urmesodermzellen, welche er aus dem Entoderm ableitet, und behauptet in seiner »Theorie des Meso-derms«, dass das **mittlere Keimblatt aller** Wahrscheinlichkeit nach **stets** vom inneren **Keimblatt.** theils als Ausstülpung des Urdarmes **theils als** Urmesodermzellen **abzuleiten sei.**

BLOCHMANN (17) findet bei **Neritina** eine entodermale Zelle, welche sich in zwei theilt, aus denen je ein Mesodermstreifen ent-steht, und **hebt hervor, dass** die **Mesodermanlage eine** bilateral-sym-metrische sei. Dagegen konnte er bei **Aplysia** (17) den Ursprung **des** mittleren Keimblattes nicht feststellen.

HADDON (19) lässt bei **Janthina fragilis** das Mesoderm

durch Segmentation von Dotterzellen in der Nähe des Blastoporus entstehen.

PATTEN (27) beschreibt bei Patella ein Entomesoderm, da hier das mittlere Keimblatt durch Delamination vom Entoderm entsteht, und zwar so, dass zwei Entodermzellen sich in je zwei Zellen theilen, von denen die eine eine Urmesodermzelle giebt, die andere eine Zelle der Urdarmwand. Von diesen zwei Urmesodermzellen wächst dann je ein Mesodermstreifen aus.

MACMURRICH (29) giebt einen doppelten Ursprung des Mesoderms für Fulgur an. Der eine Theil entsteht aus einer Entodermzelle am vegetativen Pol in der Nähe des Urmundes, dazu kommen noch Zellen, welche sich unregelmäßig von den Makromeren ablösen.

KOWALEVSKY (20) sieht bei Chiton Polii die ersten Spuren des Mesoderms im Umkreis des Blastoporus, in Gestalt von wenigen Zellen, welche symmetrisch und ventral zu beiden Seiten des Entoderms gelegen sind und von diesem sich abgelöst haben. Ich möchte hier hervorheben, dass die äußere Gestalt und der innere Bau des Chitonembryo auf dem Stadium, wo das Mesoderm sich anlegt, eine große Ähnlichkeit mit dem entsprechenden Stadium bei Paludina zeigt.

JOYEUX LAFFUIE (21) ist, wahrscheinlich weil er keine Schnitte gemacht hat, bei Onchidium zu keiner Klarheit über den Ursprung des Mesoblast gekommen.

F. RHO (32) hat zwar bei der Chromodoris elegans den Ursprung der je zu vier rechts und links vom Urdarm gelegenen Mesodermzellen nicht ermitteln können, hebt jedoch hervor, dass sie dieselbe Färbung wie die Entodermzellen zeigen. Er bleibt darüber im Zweifel, ob das Mesoderm zwei laterale Streifen oder eine kontinuirliche Schicht bildet. Vom Urdarm sagt er, dass er die Form einer Amphora besitze, d. h. auf beiden Seiten je eine Ausstülpung zeige, welche vom Blastoporus ausgehen. Ich vermuthe nun, dass diese Ausstülpungen denjenigen, welche ich bei Paludina geschildert habe, entsprechen dürften. Auch bei FOL. in der Untersuchung über die Heteropodenentwicklung 8), finde ich auf Taf. I Fig. 12 eine ähnliche Form des Urdarmes abgebildet.

Aus dieser Übersicht geht nun zunächst hervor, dass bei den Gasteropoden die Bildung des Mesoderms auf eine sehr mannigfache Art sich vollzieht. Trotzdem möchte ich glauben, dass sich diese

Bildungsweise auf ein gemeinsames Schema zurückführen lassen dürfte, etwa in derselben Art, wie es O. Hertwig für die Wirbelthiere versucht hat.

Ohne die Möglichkeit eines ektodermalen Ursprunges von Bestandtheilen des mittleren Keimblattes ganz in Abrede stellen zu wollen, bin ich, trotz vieler Widersprüche, der Ansicht, dass dasselbe bei den Gasteropoden in allen Fällen vom Entoderm abzuleiten ist.

In den meisten Fällen wird der ektodermale Ursprung nur vermuthungsweise, oder ohne genügende Beweise angegeben. Mit aller Bestimmtheit wird dies nur von Sarasin und Salensky behauptet. Die Angaben von Sarasin scheinen mir aber sehr unwahrscheinlich, wie ich es schon oben sagte, eben so auch diejenigen Salensky's, besonders in Bezug auf die Art der Kerntheilung.

Wenn nun aus der Bildungsweise des Mesoderms bei Paludina ein Schluss auf die Entstehung des mittleren Keimblattes der Gasteropoden gemacht werden soll, so frägt es sich zunächst, ob das Ei der Urform einen Nahrungsdotter besaß oder nicht.

MacMurrich meint, dass, da die Gasteropoden ursprünglich alle marin gewesen sein müssen, und die marinen Formen meistens mit reichlichem Nahrungsdotter ausgerüstet sind, die Urform ebenfalls einen reichlichen Nahrungsdotter gehabt haben muss. Nun pflegt man aber in der Embryologie zur Erklärung der Verhältnisse bei dotterreichen Eiern in der Regel von denen dotterarmer Keime auszugehen, da man annimmt, dass durch den Dotter die Verhältnisse vielfach getrübt und komplicirt werden. Ferner werden die Chitonen von vielen Forschern als diejenigen Schnecken angesehen, welche der Urform sehr nahe stehen dürften und von derselben wahrscheinlich nur durch wenige sekundär erworbene Eigenthümlichkeiten abweichen. Nun besitzen gerade die Chitonen eine nahezu äquale Furchung und sehr geringe Mengen von Nahrungsdotter. Die Bildungsweise des Mesoderms scheint mir hier principiell mit der bei Paludina beschriebenen übereinzustimmen. Es wäre demnach möglich, dass Paludina, welche jedenfalls von einer marinen Form abstammt, durch Verlust des Nahrungsdotters wieder zu dem ursprünglichen Bildungsmodus des Mesoderms zurückgekehrt ist. Man müsste dann, von dieser Bildungsweise ausgehend, zu Formen mit reichlicherem Nahrungsdotter übergehen und hier die Entstehung des Mesoderms auf eine mehr oder weniger modificirte Ausstülpung vom Urdarm zurückführen. Ein Beispiel dafür scheint mir nach

BOBRETZKY's Beschreibung Fusus zu bieten. Für meine Annahme spricht ferner der Umstand, dass in der Mehrzahl der Fälle die Anlage des Mesoderms in der Nähe des Blastoporus gefunden wird, also an der Stelle, wo Ektoderm in Entoderm übergeht, eine Erscheinung, welche bei zahlreichen zu ganz verschiedenen Phylen gehörigen Formen wiederkehrt, für die ein entodermaler Ursprung des mittleren Keimblattes vindicirt wird.

Ein principieller Unterschied ist wohl zwischen der Bildung des Mesoderms durch Ausstülpung vom Urdarm und derjenigen durch Urmesodermzellen nicht vorhanden, wie neuerdings HATSCHEK in seinem Lehrbuch der Zoologie hervorgehoben hat. Es finden sich ja alle Übergänge von einer, zwei, bis vielen Urmesodermzellen, zu einer Ausstülpung, welche nur aus wenigen Zellen besteht, weiter giebt es auch Formen, wie Amphioxus, wo Ausstülpung und Urmesodermzellen neben einander vorkommen. Bei der Entstehung durch Ausstülpung tritt nur die Differenzirung des mittleren Keimblattes später auf als bei der Entstehung durch Urmesodermzellen. Beide Bildungsweisen kommen, wie es die Litteraturübersicht gezeigt hat, bei den Gastropoden vor, es wird aber wohl kaum hier zu entscheiden sein, welcher von beiden Vorgängen der ursprünglichere ist.

Die Thatsache, dass die Leibeshöhle bei Paludina durch Ausstülpung des Urdarmes entsteht, bildet übrigens einen Widerspruch zur HERTWIG'schen Cölomtheorie (15), wonach die Mollusken zu den sogenannten Schizocöliern gerechnet werden, d. h. bei welchen die Leibeshöhle durch Auseinanderweichen oder Spaltung des Mesoderms resp. Mesenchyms entsteht. Ich brauche nicht hervorzuheben, dass bei Paludina, in Folge der besprochenen Bildungsweise des Mesoderms, von einem Mesenchym im Gegensatz zum Mesoderm nicht die Rede sein kann, obgleich gerade die Mollusken nach der HERTWIG'schen Theorie ein ausgezeichnetes Beispiel für mesenchymführende Thiere sind und gar kein eigentliches Mesoderm besitzen sollen.

Schon die Beobachtungen von GANIN bei Cyclas (3) und in noch höherem Grad die Arbeit BÜTSCHLI's über Paludina (10) ließen mich an der Richtigkeit der HERTWIG'schen Cölom- und Mesenchymtheorie in ihrer Anwendung auf die Mollusken zweifeln, auch SALENSKY (26) kann sich nicht damit einverstanden erklären, da nach ihm viele Thatsachen und seine eigenen Beobachtungen dagegen sprechen. Zu derselben Ansicht gelangte HALLER durch Untersuchung

der Anatomie der Chitonen [1]. Endlich sind die Resultate, zu welchen
ich in dieser Arbeit gelangt bin, gar nicht mit der HERTWIG'schen
Theorie zu vereinbaren, so dass ich sie mindestens in Bezug auf die
Mollusken für verfehlt erklären muss.

Ich möchte glauben, dass, wie ich es am Schlusse der Litteraturübersicht angedeutet habe, die Bildung des Mesoderms durch
Ausstülpung nicht ganz isolirt für Paludina dasteht, und dass
spätere Untersuchungen dasselbe noch für andere Formen zeigen
werden

Kehren wir nun zur weiteren Entwicklung des mittleren Keimblattes zurück. In Fig. 9 auf Taf. XX sahen wir den ganzen Raum
zwischen Darm und Ektoderm, d. h. die Leibeshöhle von den Spindelzellen des Mesoderms durchsetzt. Bald legen sich Mund und
Schlund als eine Verdickung und darauffolgende Einstülpung des
äußeren Keimblattes auf der Ventralseite, dicht hinter dem Velarfeld,
in der ventralen Mittellinie an. Die Einstülpung wird allmählich
tiefer und stößt zuletzt auf den nach vorn noch geschlossenen Darm.

Auf diesem Stadium findet man am Hinterende, dicht vor dem
mehr ventralwärts gerückten After, zwischen Enddarm und Ektoderm eine größere Anhäufung von Mesodermzellen. Fig. 16 (Taf. XX'
stellt einen Querschnitt durch das Hinterende eines derartigen Embryo vor. Man sieht ventralwärts von der ventralen Darmwand D,
deren Zellen den der Leber eigenthümlichen Bau zeigen, zwei unregelmäßige Haufen von Spindelzellen, welche unter einander lose verbunden sind. In jedem dieser Haufen ist ein Lumen P und P' zu
sehen.

Die Untersuchung einer größeren Anzahl von Embryonen dieses
Stadiums ergab, dass die Gestalt dieser Mesodermanhäufungen, welche
die erste Anlage des Herzbeutels vorstellen, eine sehr unregelmäßige
ist. Es lässt sich im Allgemeinen nur so viel sagen, dass die Anlage
eine deutliche paarige Entstehung sowohl auf Schnitten als bei Betrachtung von der Bauchfläche verräth. Die beiden Zellhaufen, von
welchen der rechts gelegene P fast immer der ansehnlichere ist,
hängen gewöhnlich durch feine Züge von langgestreckten Mesodermzellen zusammen

Die beiden Zellhaufen, in denen die Lumina schon sehr früh-

---

[1] B. HALLER, Die Organisation der Chitonen der Adria. Arbeiten aus
dem zoolog. Institut in Wien. Bd. IV. 1882. V. 1883.

zeitig auftreten, rücken im Laufe der Entwicklung immer näher zusammen, bis sie mit einander verschmelzen. Fig. 2 auf Taf. XXII
ist nach einem horizontalen Schnitt durch das Hinterende eines solchen Embryo entworfen und zwar ist der Schnitt gerade durch den
weitesten Theil des Perikards geführt worden. Die Wände der zwei
Säcke P und P' sind schon theilweise mit einander verschmolzen.
Das Lumen des rechten Abschnittes des Perikards (P) ist etwa doppelt
so groß wie das des linken und ist von diesem durch ein mittleres
Septum getrennt, welches durch die vereinigten Wände der zwei ursprünglich getrennten Säcke gebildet wird. Der Herzbeutel wird mit
der Wand des Magens (M) einerseits, und dem Ektoderm andererseits,
durch zahlreiche verästelte Mesodermzellen verbunden. Der rechte
Abschnitt selbst ist hier durch einen mittleren Zellbalken durchsetzt,
der aber tiefer liegt, kein eigentliches Septum bildet und welchem
keine weitere Bedeutung zukommt.

Im Laufe der Entwicklung nimmt das Perikard immer mehr an
Größe zu, während seine Wand sich entsprechend verdünnt. Ein
derartiges Stadium ist auf Taf. XXI Fig. 1 von der rechten Seite
abgebildet.

Da sich die Gestalt des Embryo schon bedeutend verändert hat,
so muss sein Bau eingehender geschildert werden.

Die früher eiförmige Gestalt des Embryo ist durch das Auswachsen des Fußes (Fu), welcher die ventrale Seite bezeichnet, mo-
dificirt worden. Dem Fuße gegenüber liegt das Velarfeld, welches
vom Velum (VV) umsäumt wird. Dieses besteht aus einer doppelten Reihe von Zellen, welche zahlreiche ziemlich lange und dicht
gestellte Wimpern tragen. Die Färbung der Velarzellen ist im Leben eine gelbliche und persistirt auch auf Präparaten, wo sie durch
größere Durchsichtigkeit auffallen und sehr wenig von den Tinktions-
mitteln aufnehmen. Sie zeigen eine große Neigung zur Vacuolen-
bildung. Am Vorderende des Embryo, zwischen Velarfeld und Fuß,
befindet sich der Mund, der durch den bereits in den Darm durch-
gebrochenen Ösophagus (S) in den spindelförmigen Magen (M) führt.
Unter dem Magen liegt die Leber (L), welche sich vom Darm stark
abgeschnürt hat, aber durch eine noch sehr weite Öffnung mit dem
Magen zusammenhängt. Dieser führt durch einen ventralwärts im
rechten Winkel gebogenen Enddarm (E) zum After (A), welcher
nicht mehr terminal sondern in der Mittellinie im hinteren Theil der
Bauchfläche liegt. Magen, Leber und Enddarm sind sämmtlich aus
der Darmanlage hervorgegangen. Das Velarfeld zeigt rechts und

links eine Hervorwölbung (*Fü*). die Fühleranlagen, an deren Basis
die Augengrube (*Au*) liegt. Am Fuß ist jederseits die Anlage der
Otolithenblase *O* bemerklich, welche wie das Auge durch Einstül-
pung des Ektoderms entsteht. Die Schalendrüse (*Sch*) hat eine
Schale (*Scha*) abgesondert, welche bereits den größeren Theil des
Hinterendes bedeckt und von der Mantelfalte *Mf* umsäumt wird [1].
Zwischen den beiderseitigen Wülsten der Mantelfalte hat sich am
Hinterende gerade vor dem After, auf der Bauchfläche, eine kleine
Grube (*Mh*) die Anlage der Mantel- oder Kiemenhöhle gebildet (*Mh*).
Ich will gleich in Bezug auf die Entwicklung der Mantelhöhle
vorausschicken, dass dieselbe, wenigstens bei den Anfangsstadien,
nicht als eine wirkliche Grube aufgefasst werden muss, sondern nur
einer Stelle der Bauchwand entspricht, welche mehr und mehr von
der nach vorn auswachsenden und sich allmählich erhebenden Mantelfalte umwallt wird. Der von der Mantelfalte gebildete Wall ver-
leiht nun der Mantelhöhle das Aussehen einer Grube. Da nun der
After gerade an dem hinteren Ende des von der Mantelfalte umfassten
Feldes sich befindet, so erklärt sich daraus, wie derselbe in der
Mantelhöhle zu liegen kommt.
Das Perikard (*PP'*) liegt in der Figur über Magen und Leber und
stößt auf das Ektoderm der Mantelhöhlenanlage auf. Durch Heben
und Senken des Tubus und besser noch bei Betrachtung des Embryo
von der Bauchfläche sieht man, dass das Perikard noch aus zwei Abschnitten *P* und *P'* besteht, welche durch ein mittleres Septum getrennt werden.
Der hier geschilderte Embryo ist äußerlich noch ganz symmetrisch
gebaut, innerlich aber schon ganz asymmetrisch, wie die Lagerung der
Eingeweide zeigt. Die ersten Spuren der Asymmetrie treten jedoch
schon früher auf, da sie sich im Inneren des Embryo, durch die Ungleich-
heit der beiden Abschnitte des Perikards äußern; auch bedingt die
Leber, sobald sie sich vom Darm abzuschnüren beginnt, einen gewissen
Grad innerer Asymmetrie. Weiter bemerkt man, dass im Vergleich
zu früheren Stadien die dorsale Seite des Hinterendes stärker ge-
wachsen ist als der Rest des Embryo, was die Verlagerung des
Afters nach der ventralen Seite zur Folge gehabt hat. Ich lege

---

[1] Ich möchte bei dieser Gelegenheit erwähnen, dass am lebenden Embryo
öfter Spermatozoen an dem von BÜTSCHLI beschriebenen Schalenknopf fest-
haften und demselben ein behaartes Aussehen verleihen. Im Darm findet man
auch zahlreiche, vom Embryo mit dem umgebenden Eiweiß verschluckte Sa-
menfäden.

nämlich die morphologische Längsachse des Embryo, den Ansichten BÜTSCHLI's (25) gemäß, durch Mund und After, da Messungen und der Vergleich sehr zahlreicher Entwicklungsstadien die Schlüsse, zu welchen BÜTSCHLI gekommen ist, bestätigt haben.

Auf Taf. XXII Fig. 5 wird ein Querschnitt, der durch den Herzbeutel eines Stadiums, welches nur wenig jünger als das eben besprochene war, geführt worden ist, abgebildet. Der Größenunterschied zwischen den zwei Abschnitten tritt schärfer hervor, das Septum, sowie der größte Theil der Herzbeutelwand ist bedeutend dünner geworden als es in Fig. 4 derselben Tafel zu sehen ist. Dagegen zeigt jetzt die linke Wand des linken Sacks eine Verdickung (N), auf deren Bedeutung später eingegangen werden soll. Weiter bemerkt man, dass das Ektoderm der Bauchwand aus hohen cylindrischen Epithelzellen besteht, sich also verdickt hat, es ist nämlich die Stelle, an welcher sich die Mantelhöhle bilden wird, hier getroffen worden.

In Fig. 8 und 14 von Taf. XXI ist das Hinterende eines etwas älteren Embryo als der in Fig. 1 dargestellte einmal aus Querschnitten, das andere Mal aus horizontalen Schnitten, mit einer ventralen Ansicht des ganzen Embryo kombiniert, rekonstruirt worden, hauptsächlich um die Entstehung der Mantelhöhle zu erläutern.

Fig. 8 (Taf. XXI) ist aus einer Querschnittserie rekonstruirt worden und entspricht der Ansicht, welche man bekommen würde, wenn man das betreffende Stadium mittels eines durch die vorderste Stelle der Kiemenhöhlenanlage geführten Querschnittes in zwei Theile zerlegen und auf die Schnittfläche des hinteren Theiles sehen würde. Die Schnittfläche hat annähernd die Gestalt eines Dreiecks, dessen Spitze dem Rücken entspricht. Auf der Ventralseite sieht man die Einsenkung (Mh), welche der Mantelhöhlenanlage entspricht. Diese ist noch ziemlich flach, und zwar bleibt sie in ihrer mittleren Region seichter und dringt rechts und links mit zwei Zipfeln tiefer ein.

Dorsal von der Mantelhöhle, und an das Ektoderm ihrer Wand anstoßend, liegt der Herzbeutel (P), dessen Septum sich schon ganz zurückgebildet hat. Der Vorgang ist hierbei folgender: das Septum, welches, wie schon erwähnt wurde, stark an Dicke abnimmt, reißt ein und wird allmählich resorbirt.

Taf. XX Fig. 12 ist ein Querschnitt durch den Herzbeutel eines etwas jüngeren Stadiums wie Fig. 8 auf Taf. XXI. Das Septum hat sich eben zurückgebildet, aber die Stelle, welche es früher einnahm, ist an der Einschnürung des Herzbeutels noch ganz deutlich zu erkennen. Weiter bemerkt man auf Fig. 12 (Taf. XX), dass die eben besprochene Verdickung der Wand des linken Abschnittes N' zu einer Ausstülpung geworden ist, welche der Schnitt jedoch etwas flach getroffen hat, so dass der Hohlraum der Ausstülpung als ein Lumen erscheint. Diese Ausstülpung bildet sich jedoch bald zurück und ist in Fig. 8 (Taf. XXI) nur noch als eine Verdickung, welche sich noch eine Zeit lang erhält, zu erkennen. Es hat sich aber mittlerweile eine ganz ähnliche Verdickung durch Ausstülpung im rechten Abschnitt des Perikards gebildet (N, welche die Anlage der bleibenden Niere darstellt. Die beiden Zipfel der Mantelhöhle stoßen gerade auf jene beiden Ausstülpungen des Herzbeutels. Da nun der rechte Zipfel zum Ausführgang der rechten Ausstülpung, d. h. der bleibenden Niere wird, so glaube ich die linke Ausstülpung als rudimentäre linke Niere betrachten zu dürfen, und den linken Zipfel der Mantelhöhle als deren rudimentären Ausführgang. Dieser linke Zipfel der Mantelhöhle entwickelt sich übrigens auch nicht weiter.

Die eben besprochene Fig. 8 erläutert auch die Lagerungsverhältnisse des Perikards. Man sieht, dass es über dem Enddarm E und unter dem Magen und der Leber (M und L) liegt. Seine Längsachse ist ziemlich parallel der Bauchfläche gelegen, doch greift der Herzbeutel auf der rechten Seite viel weiter dorsalwärts herüber als auf der linken Seite.

Die Fig. 14 (Taf. XXI), welche das Hinterende eines entsprechenden Stadiums, von der Bauchseite betrachtet, darstellt, und aus der ventralen Ansicht eines ganzen Embryo und aus einer horizontalen Schnittserie rekonstruirt ist, soll zeigen, dass die Mantelhöhle (Mh) als eine nach hinten und dorsalwärts gerichtete Tasche sich anlegt. Weiter erkennt man die beiden Zipfel der Mantelhöhle, und die Beziehungen des rechten Na zu der Nierenanlage N treten auf dieser Ansicht klar hervor. Der After (A) liegt immer noch in der Mittellinie der Bauchfläche in der Mantelhöhle, jedoch ergiebt ein Vergleich mit Fig. 8, dass der Enddarm schon etwas schräg zur Längsachse geneigt ist. Man sieht aus dieser ventralen Ansicht, dass die beginnende äußere Asymmetrie sich schon geltend macht, da die Mantelhöhle rechts viel tiefer eindringt als links, was sich ebenfalls in den zwei Zipfeln Na und Na' äußert, von denen der rechte bedeutend weiter und tiefer ist als der linke, auch reicht die Mantelfalte links weiter nach vorn als rechts. Der rechte Zipfel

oder der Nierenausführgang setzt sich bereits deutlich vom Rest der
Mantelhöhle ab.

Bei einem etwas älteren Stadium (Taf. XXI Fig. 2) ist die
äußere Asymmetrie noch mehr ausgeprägt, was am besten bei Betrachtung von der dorsalen oder ventralen Fläche hervortritt, jedoch
in der seitlichen Ansicht nicht gut zu sehen ist. Der Vergleich mit
Fig. 1 zeigt, dass der Fuß schon durch eine Abschnürung sich
absetzt und dass das Velarfeld im Verhältnis zur Längenzunahme
des Embryo nicht zugenommen hat. Obgleich die Schale nicht son-
derlich an Ausdehnung gewonnen hat, ist die Mantelhöhle (*Mh*) bedeutend umfangreicher und tiefer geworden, man bemerkt an ihrer
Wand in *Na* den optischen Querschnitt durch den Nierenausführgang,
der ja nur ein Theil der Mantelhöhle ist. Der einheitliche Herzbeutel füllt einen sehr großen Theil des beschalten Hinterendes aus.

Betrachten wir nun eine Rekonstruktion aus Querschnitten des
Hinterendes eines entsprechenden Stadiums (in derselben Art wie
Fig. 8 hergestellt und gedacht), so erkennt man, dass das Hinterende, welches gerade so orientirt ist wie Fig. 8, eine Drehung im
Sinne des Uhrzeigers gemacht haben muss. Es wurden sämmtliche
Querschnitte in Bezug auf eine Linie, welche durch den Mittelpunkt
des Velums und die äußerste Spitze des Fußes gezogen wurde,
orientirt. Diese Drehung erklärt sich aus der beginnenden Asym-
metrie des Embryo. Leber und Magen liegen jetzt auf der linken
Seite, der Enddarm ist noch schräger zur Mittellinie gestellt, während der After noch ziemlich median liegt. Der Herzbeutel liegt
jetzt mit dorsoventral gerichteter Längsachse, und zwar so, dass die
Verdickung *N''* ganz ventral sich befindet, während die Niere dorsalwärts gerückt ist. Der linke Abschnitt des Perikards ist in seinem
Wachsthum stehen geblieben, während der rechte bedeutend an
Größe zugenommen hat. Dieser Zuwachs ist aus der Figur nicht
ersichtlich, da sich der Herzbeutel auf diesem Stadium besonders
nach hinten erstreckt, wie es aus Fig. 2 (Taf. XXI) hervorgeht.
Auch die Mantelhöhle ist hauptsächlich auf der rechten Seite tiefer
geworden, und der Durchbruch ihres rechten Zipfels in die Niere
ist schon erfolgt, was in der Figur daraus zu erkennen ist, dass
das Lumen der Niere in die Mantelhöhle mündet. Diese erscheint
ventralwärts nahezu abgeschlossen, was sich daraus erklärt, dass
die Mantelfalte unterdessen stärker nach vorn ausgewachsen und
viel höher geworden ist, so dass die auf dem Querschnitt hervor-

tretenden Wülste nach hinten zu einander sehr genähert sind, da
der Schnitt in der Höhe des Afters geführt wurde.

Fig. 1 auf Taf. XXIII zeigt einen einzelnen Schnitt aus der
eben besprochenen Serie, welcher die histologischen Verhältnisse
veranschaulichen soll. Er trifft den Herzbeutel in seiner ganzen
Ausdehnung. Die dorsale Wand des Herzbeutels besteht aus einer
einfachen Schicht von sehr abgeplatteten Zellen, während die ventrale dicker ist. Die rudimentäre Niere (N') ist als eine Verdickung
der Perikardialwand zu sehen, die Niere (N) als eine Ausstülpung
derselben, und besteht aus hohen Cylinderzellen. Links vom Herzbeutel liegen Magen (M) und Leber (L), welche durch eine sehr
weite Öffnung zusammenhängen. Der Magen besitzt ein hohes Cylinderepithel, während die Leber aus sehr großen Zellen besteht,
welche die für sie charakteristischen Einschlüsse, Fetttropfen, Deutolecith etc. enthalten, was hier nicht näher ausgeführt ist. Der Raum
zwischen den eben besprochenen Organen und dem Ektoderm wird
von Mesodermzellen ausgefüllt. Der dorsale Umriss des Schnittes
wird von der Schale ($Scha$) gebildet, welche aus einem sehr feinen
Häutchen besteht, unter dem eine außerordentlich dünne Ektoderm-
lage sich befindet. Die Schale erstreckt sich ventral bis zu der
Mantelfalte (Mf), in welcher sie eingefalzt ist. Ich will daher diese
Stelle des Mantelwulstes Schalenfalz (Srf) nennen. Hier verdickt
sich das Ektoderm ganz plötzlich und geht allmählich in den Boden
der Mantelhöhle über, welcher ebenfalls aus einem hohen Cylinderepithel besteht. Der Schalenfalz bezeichnet jedenfalls diejenige Zone
der Mantelfalte, welche die Schale absondert und somit die Thätig-
keit der Schalendrüse übernommen hat. Man sieht rechts und links
die beiden Zipfel der Mantelhöhle Na und Na', von denen die rechte
viel tiefer und bis zur Niere (N) eindringt. Die Durchbruchsstelle
ist auf diesem Schnitt nicht getroffen.

In Fig. 3 Taf. XXI ist ein etwas älteres Stadium von der linken Seite abgebildet. Die Gestalt ist im Ganzen eine schlankere
geworden, das Velarfeld erscheint bereits viel kleiner, der Fuß ist
stark ausgewachsen und hat sich noch deutlicher zu einer Kriechsohle abgeplattet. Der Ösophagus ist sehr lang und dünn geworden
und der auf den Magen folgende Abschnitt des Darmes ist stark
nach vorn gekrümmt, so dass der After in der Mantelhöhle gleich
hinter der Mitte der Körperlänge zu liegen kommt. Die Schale ist
bedeutend größer geworden und bedeckt das ganze Hinterende, welches sich deutlich von der vorderen Körperhälfte absetzt. Der

Mantelrand, welcher noch in Fig. 2 etwa einen Winkel von 45° mit der Längsachse des Embryo bildete, steht jetzt nahezu senkrecht zu derselben, da die Mantelfalte bedeutend weiter nach vorn ausgewachsen ist. Die Mantelhöhle erscheint demgemäß stark erweitert und vertieft und liegt zum größten Theil auf der rechten Körperhälfte. Der Herzbeutel füllt ungefähr die Hälfte des beschalten Hinterendes aus und zeigt an seiner hinteren Wand eine Einstülpung (H), welche die erste Anlage des Herzens ist.

Fig. 11 ist das aus Querschnitten rekonstruirte Hinterende eines entsprechenden Embryo, in derselben Weise dargestellt wie Fig. 8 und 9, wobei die Durchschnittsfläche etwa hinter dem Mantelrand geführt ist. Man sieht sofort, dass die Verlagerung der inneren Organe in Folge der sich weiter entwickelnden Asymmetrie große Fortschritte gemacht hat. Leber und Magen sind scheinbar ganz auf die linke Seite gerückt, was sich aus der Drehung des hinteren Körperendes erklärt, und liegen ziemlich ventral, sie fangen bereits an die Wand des Embryo bruchsackartig nach außen zu drängen und bilden somit die Anlage des Eingeweidesackes, was man bei Betrachtung des ganzen Embryo von der dorsalen Fläche am besten konstatiren kann. Der Enddarm erstreckt sich nahezu horizontal und mündet vorn und rechts durch den After aus, welcher innerhalb der Mantelhöhle liegt und gerade von dem Schnitt gestreift wurde. Der sehr ansehnliche Herzbeutel hängt noch mit der Niere durch eine schon etwas enger gewordene Kommunikation zusammen. Die Niere liegt auf der rechten Seite, und zwar dorsal und ganz hinten, an dem entgegengesetzten Ende des Perikards, d. h. ventral, sind die letzten Reste der rudimentären linken Niere in Gestalt einer unbedeutenden Verdickung (N') erhalten. An der nach hinten gerichteten Wand des Perikards und dorsalwärts übergreifend ist die Herzeinstülpung (H) zu sehen, welche faltenförmig in den Herzbeutel hineinragt. Die Mantelhöhle, welche sehr tief ist, liegt zum größten Theil auf der rechten Seite des Schnittes, zieht aber dorsalwärts in einem Bogen herum. Ihre größte Tiefe erreicht sie auf der rechten Seite, indem sie sich in den Nierenausführgang fortsetzt, welcher ja ein specialisirter Theil der Mantelhöhle ist.

Zwei auf einander folgende Schnitte aus dieser Serie (Taf. XXIII Fig. 2 und 3) sollen die erste Anlage des Herzens veranschaulichen. Der in Fig. 3 abgebildete, welcher dorsalwärts gelegen ist, ist ganz wiedergegeben. Vergleicht man ihn mit Fig. 1 derselben Tafel, so sieht man gleich, dass die Wand des Herzbeutels noch dünner geworden ist, sie besteht jetzt fast in ihrer ganzen Ausdehnung aus einer einzigen Schicht sehr abgeplatteter Zellen. Man erkennt die Niere (*N*) als eine Ausstülpung derselben, an welche das äußerste Ende des Nierenausführganges stößt. Weiter ist hier noch ein kleiner Rest des Septums (*Sept*) erhalten geblieben, welcher zeigt, wie sehr der linke Abschnitt des Herzbeutels im Vergleich zum rechten reducirt ist. Dorsal und links von der Niere ist die Wand des Herzbeutels verdickt und bildet einen kleinen Wulst, welcher das Oralende der Herzeinstülpung ist. Von dem folgenden Schnitt ist nur ein kleiner Theil dargestellt, und zwar die Gegend der Niere und der Herzanlage. Die Wand der Niere ist ganz flach getroffen, so dass kein Lumen mehr vorhanden ist, die Herzanlage ebenfalls, aber man kann doch erkennen, dass dieselbe keine einfache Verdickung der Herzbeutelwand, sondern eine Einstülpung derselben ist. Deutlicher lässt sich die Bildungsweise des Herzens an einem etwas älteren Stadium erkennen, dessen beschaltes Hinterende, von der rechten Seite gesehen, in Fig. 7 auf Taf. XXI dargestellt ist. An diesem Präparat kann man die Mantelhöhle in ihrer ganzen Ausdehnung übersehen, da sie ja zum größten Theil auf der rechten Seite liegt. Der dorsale Theil, welcher sich nach links erstreckt, führt durch den Nierenausführgang in die Niere (*N*), welche hier an dem ganzen Präparat deutlich gesehen werden kann. Die dorsale Wand der Mantelhöhle zeigt einige kleine ektodermale Höcker (*Ki*), welche die Anlage der Kiemenblättchen sind. Dicht hinter der Niere und unter. d. h. rechts von dem Enddarm *E* liegt der Herzbeutel, welcher verhältnismäßig viel kleiner ist, da jetzt der Eingeweidesack immer mehr an Volum zunimmt. An der dorsalen Wand des Perikards liegt das Herz (*H*), welches die Gestalt einer Rinne hat, die die ganze Länge des Herzbeutels einnimmt und in der Mitte etwas eingeschnürt ist. Untersucht man nun ein gefärbtes und aufgehelltes Präparat dieses Stadiums nach der in der Einleitung beschriebenen Methode, d. h. indem man dasselbe wendet und von verschiedenen Seiten betrachtet, so kann man über die Art der Herzbildung ins Klare kommen.

Die Herzanlage des eben kurz besprochenen Stadiums ist in Fig. 5 (Taf. XXI) bei stärkerer Vergrößerung und von der linken Seite abgebildet, da von jetzt ab Perikard und Herz mehr und mehr auf die linke Körperhälfte hinüberrücken und dem entsprechend in seitlicher Ansicht am besten von links beim ganzen Embryo beobachtet werden können. Man erkennt. dass die ganze dorsale Wand des Herzbeutels zu einer langen Rinne eingestülpt ist, welche sich schon sehr frühzeitig in der Mitte etwas einschnürt. Betrachtet man die Herzanlage von oben, d. h. indem man auf die dorsale Wand des beschalten Hinterendes sieht (Taf. XXI Fig. 6), so bemerkt man, dass dieselbe nicht ganz gerade sich erstreckt, sondern etwas gekrümmt ist. Stellt man sich einen optischen Querschnitt durch die Herzanlage her, indem man auf die Hinterfläche der Schale blickt, so kann man sich auf das deutlichste davon überzeugen, dass man es hier mit einer rinnenförmigen Einstülpung der dorsalen Herzbeutelwand zu thun hat. Dasselbe zeigen auch Schnitte, welche die Herzanlage quer getroffen haben. Diese sind aber schwer herzustellen, da die Längsachse der Herzanlage nicht mit derjenigen des Embryo zusammenfällt. Man ist daher einigermaßen auf den Zufall angewiesen. Ich habe jedoch eine so große Anzahl von Schnittserien durch das betreffende Stadium geführt, dass ich unter diesen zahlreiche Belege für die oben entwickelte Ansicht gefunden habe, zu welcher ich auch zuerst durch die auf Schnitten zu konstatirenden Befunde gelangt bin. Es ist viel leichter durch Beobachtung der Herzanlage in toto und zwar von verschiedenen Seiten zu einer Vorstellung von der allgemeinen Gestaltung derselben zu kommen, wesshalb ich auch derartige Ansichten abgebildet habe.

Fig. 10 (Taf. XXI), welche aus einer Serie von horizontalen Schnitten, nach der Art der Fig. 8 und 11 dargestellt ist, soll einen Überblick über die gegenseitigen Lagerungsverhältnisse von Herzbeutel, Herz und Niere geben. Der größeren Deutlichkeit halber sind die obersten Schnitte bei der Rekonstruktion weggelassen worden. man sieht an die dorsale Fläche des Hinterendes. Der Herzbeutel liegt zwischen Magen und Kiemenhöhle über der Leber und dem Darm, welcher ihn in einem Bogen umzieht. um vorn und rechts an der Decke der Mantelhöhle in derselben auszumünden. Links, dicht neben der Niere. welche ganz hinten durch ihren Ausführgang (Na) mit der Mantelhöhle im Zusammenhang steht. liegt das Herz H.

Die weitere Ausbildung des Herzens vollzieht sich nun in der Weise, dass die Rinne sich allmählich zu einer Röhre abschließt und gleichzeitig sich mehr und mehr von der Herzbeutelwand abschnürt, bis sie mit derselben nur noch vorn und hinten in Zusammenhang bleibt. Dem entsprechend steht auch vorn und hinten die Herzanlage mit der sekundären Leibeshöhle in Kommunikation.

Während diese Vorgänge sich abspielen, vollzieht sich auch die

Scheidung des Herzens in einen Vorhof und eine Kammer, was schon durch die mittlere Einschnürung der Herzanlage angebahnt war. Dieses Stadium ist in Fig. 1 (Taf. XXII) abgebildet. Der Embryo hat bereits die Gestalt der erwachsenen Schnecke und ist desshalb in der Lage gezeichnet, welche das ausgebildete Thier beim Kriechen einnimmt. Der Fuß ist ganz deutlich zu einer Kriechsohle abgeplattet und zeigt hinten an seiner dorsalen Fläche die Anlage des Deckels, welcher, beiläufig gesagt, ganz auf dieselbe Weise als die Schale durch eine der Schalendrüse entsprechende Einstülpung des Ektoderms abgesondert wird. Der Ösophagus (S) ist sehr lang und schmal geworden. Gleich hinter der Mundöffnung, welche einen chitinösen Rand hat, liegt die Radulatasche (R), die, wie der Vergleich mit jüngeren Stadien ergiebt, sich als eine Ausstülpung der Schlundwand anlegt. Das Velum (V) ist noch deutlich zu sehen, sein Feld ist aber sehr klein geworden, da es nur noch die dorsale Fläche der Kopfregion einnimmt und dicht hinter den Fühlern umbiegt. Da der Embryo von der linken Seite gezeichnet ist, kann man nur einen kleinen Theil der Kiemenhöhle übersehen, in welcher sich bereits eine größere Anzahl von Kiemenhöckern (Ki) zeigen. Der Herzbeutel, welcher an die hintere Grenze der Kiemenhöhle anstößt, trägt an seiner dorsalen Wand das Herz, dessen vordere Hälfte dem Vorhof und dessen hintere Hälfte der Kammer entspricht.

Das Herz dieses Stadiums zeigt Fig. 15 (Taf. XXI) bei stärkerer Vergrößerung und von hinten gesehen. Die Rinne hat sich zu einer Röhre abgeschnürt, da man jetzt die obere Wand des Herzbeutels von derjenigen des Herzens vollkommen isolirt sieht, so dass dasselbe nur noch an beiden Enden mit der Perikardwand in Zusammenhang bleibt. Die Öffnung des dünnwandigeren Vorhofs entspricht dem Anfang der Kiemenvene, diejenige der Kammer dem Anfang der Aorta. Das Herz tritt nun in Zusammenhang mit den Gefäßen, welche als Sinuse im Mesoderm entstehen, zuerst sehr weit sind, später immer enger werden.

Fig. 12 Taf. XXI ist das rekonstruirte Hinterende eines etwas älteren Stadiums, welches die Entwicklung des Eingeweidesackes veranschaulicht. Magen und Leber bilden einen großen Sack, welcher links und ventral liegt. Der Herzbeutel nimmt einen viel kleineren Raum ein als in Fig. 11. Die Niere liegt jetzt ziemlich in der Mittelebene während das Herz nach links herüber gerückt ist. Man bemerkt ferner, dass der Nierenausführgang (Na) sich immer schärfer von der eigentlichen Mantelhöhle absetzt.

Dies tritt auf einem folgenden Stadium, welches von der linken Seite gesehen ist (Taf. XXII Fig. 2) noch deutlicher hervor. Der Nierenausführgang, über welchen der Enddarm wegzieht, wächst allmählich in die Länge aus und wird durch einen Wulst (*wu*) von dem oberen Theil der Kiemenhöhle getrennt; er mündet rechts und ganz unten durch eine sich mehr und mehr verengernde Öffnung in die Mantelhöhle. In letzterer selbst hat sich links neben dem Kiemenwulst eine Hervorwölbung des Ektoderms (*Sp*) gebildet, welche die Anlage der sogenannten falschen Kieme oder des SPENGEL'schen Geruchsorgans vorstellt.

Das Herz wird in der Ansicht von rechts von den darübergelagerten Organen verdeckt, wesshalb die Topographie des betreffenden Stadiums in Fig. 13 Taf. XXI im Querschnitt abgebildet wurde. Die Drehung des Hinterendes und das Auswachsen des Eingeweidesackes sind noch weiter vorgeschritten. Letzterer liegt jetzt ganz ventral, während der Herzbeutel, der früher am besten von der rechten Seite zu sehen war, wie schon erwähnt wurde, jetzt auf die linke Seite gerückt ist. Das Herz hat natürlich dieselbe Wanderung mitgemacht und ist ebenfalls ganz nach links gerückt. Die Kiemenhöhle hat bei der Drehung des Hinterendes gleichfalls ihre Gestalt verändert, sie wächst allmählich tiefer und tiefer auf der linken Seite, ungefähr bis zum Niveau des Vorhofs herab.

Nun beginnt auch die Niere sich bedeutend zu vergrößern, wobei ihr Zusammenhang mit dem Herzbeutel undeutlicher wird; gleichzeitig nähern sich die Mündung des Perikards in die Niere und die Ausmündung der Niere in den Ureter, so dass erstere auf Querschnitten schwerer wahrzunehmen ist. Eine Rekonstruktion der Niere dieses Stadiums aus einer sagittalen Schnittserie ist in Fig. 3 auf Taf. XXII gegeben. Die Zellen der Nierenwand nehmen in demselben Maß, wie die Niere sich vergrößert, an Höhe ab und bilden jetzt ein nahezu kubisches Epithel. Sie sind sehr regelmäßig angeordnet, zeigen einen deutlichen Kern und ein feinwabiges Protoplasma, in welchem keine Exkretkörnchen zu bemerken sind. An der Mündung in den Herzbeutel werden die Nierenzellen niedriger und gehen einfach in die flachen Zellen der Perikardwand über.

Das älteste in dieser Arbeit berücksichtigte Stadium wurde auf Taf. XXII Fig. 5 abgebildet: es entspricht demjenigen, welches LEYDIG [1] als reifen Embryo beschreibt und zeichnet sich dadurch aus, dass der rechte Mantelrand vier stumpfe Fortsätze entwickelt hat und die Schale lange, steife Haare, oder besser gesagt, Borsten trägt. Dieses Stadium hat im Wesentlichen denselben Bau wie das ausgewachsene Thier, abgesehen von dem der Geschlechtsorgane, welche sich gerade anlegen und der Anzahl der Windungen des Eingeweidesackes, dessen Einrollung ganz unabhängig von der Torsion des Hinterendes erfolgt; bekanntlich wird aber der Embryo erst, nachdem er die drei- bis vierfache Größe dieses Stadiums erreicht hat, geboren.

Die Figur 5 ist halbschematisch, nach einem gefärbten und aufgehellten Präparat eines ganzen Embryo und je einer queren und sagittalen Schnittserie entworfen. Das Velum ist bereits bis auf Spuren, welche auf Schnitten zu sehen sind, zurückgebildet. Die Leber, welche beim erwachsenen Thier dreilappig ist, hat bereits die charakteristischen Drüsenschläuche gebildet, ist aber nicht eingetragen worden, um die Abbildung nicht zu komplicieren. Sie ist jetzt mit dem Eingeweidesack ganz auf die rechte Seite des Thieres gerückt.

Der Darm (E) bildet gleich hinter dem Magen eine Schlinge, steigt, dem hinteren Umriss der Schale folgend, im Bogen empor und mündet rechtsseitig und an der rechten Wand der Mantelhöhle tief in derselben. Diese Verlagerung des Afters, welcher bis zum vorhergehenden Stadium (Taf. XXII Fig. 2) am vorderen Rande der Mantelhöhle gelegen war, zeigt, dass die Mantelhöhle sich jetzt wirklich etwas vertieft hat, während sie vorher nur durch Auswachsen der Mantelfalte nach vorn sich entwickelte.

Die Mantelhöhle (Taf. XXII Fig. 5) zieht von rechts unten nach links oben herüber und steigt im Bogen auf der linken Seite herab, um linksseitig an den Herzbeutel anzustoßen, wo sie in der Nähe des Vorhofs, welcher durch die Kiemenvene an das innere Ende der Kieme befestigt ist, endet. Denselben Verlauf nimmt die Kieme an der Decke der Kiemenhöhle, und hat bereits eine große Anzahl von Kiemenblättchen entwickelt. Das Spengel'sche Organ oder die sogenannte Nebenkieme erscheint als breiter Wulst (Sp) an der Decke der Mantelhöhle links und ventral von der Kieme und erstreckt sich, wie man an Schnittserien sieht, nach hinten allmählich flacher werdend, fast eben so weit wie die Kieme, deren hinteres Ende zugespitzt bis an den Vorhof reicht, in welchen ja die Kiemenvene einmündet. Von der hinteren Wand der Kiemenhöhle entspringt ein durch Ausstülpung aus ihr entstandener, also ektodermaler Gang, welcher die Anlage des Geschlechtsleiters ist und an welchen sich ein drüsiger, ventralwärts gerichteter Anhang (gd) anschließt, welcher hart an der Leber endigt. Dieser Anhang entsteht, unabhängig von dem Gang, aus dem Mesoderm der Herzbeutelwand und ist die Anlage der Keimdrüse. Die Niere liegt an der hinteren Schalenwand, dorsal über der Leber und mündet durch den langen Ureter (*Na*), welcher parallel dicht unter dem Enddarm und etwas links davon verläuft, gerade hinter dem After in die Mantelhöhle. Die Ausmündung des Ureters hat sich jetzt sehr verengert.

Den histologischen Bau der Niere dieses Stadiums veranschaulicht Fig. 4 (Taf. XXIII). Diese Abbildung ist nach einer sagittalen Schnittserie konstruirt, entspricht dem optischen Längsschnitt und zeigt die sehr enge Einmündung in den Herzbeutel, welcher auf einer Art von Papille liegt. Die Nierenwand hat nun in Folge stärkeren Wachsthums ihrer inneren Oberfläche Falten gebildet, welche von einem kubischen Epithel bekleidet sind und in die Höhle hineinragen. In die Falten selbst dringen von außen Bindegewebszellen ein. Die Räume zwischen den Falten erscheinen entsprechend als Ausbuchtungen des Hohlraumes der Niere und zeigen einen rundlichen Querschnitt, sie verleihen der Niere dieses Stadiums das Aussehen einer tubulösen Drüse.

Einen ganz ähnlichen Bau zeigt die Niere von Haliotis, welche die einfachste Form der Prosobranchierniere darstellt und von HALLER (30) als eine acinöse Drüse beschrieben wurde. PERRIER (37) verwirft diese Auffassung und zeigt, dass die Gasteropodenniere durchweg keinen tubulösen oder acinösen Bau besitzt, sondern dass ihr Hohlraum von zahlreichen mit einander anastomosirenden Lamellen durchsetzt wird, welche nichts Anderes als Falten der Wand des Nierensackes sind. Diese Ansicht, zu welcher PERRIER auf Grund vergleichend-anatomischer Studien an zahlreichen Prosobranchier- und Gasteropodenarten gelangte, wird durch die Entwicklungsgeschichte von Paludina bestätigt. Die Nierenhöhle ist bekanntlich bei der ausgewachsenen Paludina fast vollständig durch die lamellösen Einfaltungen der Nierenwand ausgefüllt, wodurch das ganze Organ ein spongiöses Gefüge erhält. Dies kommt durch starke Vermehrung und Vergrößerung der zuerst in geringer Anzahl vorhandenen Falten zu Stande. Die relativ hoch differenzirte Niere von Paludina zeigt demnach im Laufe der Entwicklung ein Stadium, welches der sehr einfachen Niere von Haliotis entspricht.

Beim ausgewachsenen Thier nimmt der Ureter aus einer Art Urinkammer, in welche auch der Verbindungskanal der Niere mit dem Herzbeutel mündet, seinen Ursprung (WOLFF[1] und PERRIER [37]). Diese Kammer ist auf einem wenig älteren Stadium, als das letzte in dieser Arbeit abgebildete, zu erkennen, und entspricht einem Theil des ursprünglichen Hohlraumes des Nierensackes, welcher durch die Einfaltungen nicht verdrängt wird. Auf diesem Stadium besitzt auch der Nierenherzbeutelgang seine definitive Gestaltung, bildet einen kurzen, sehr engen Kanal, lässt sich aber an ganzen gefärbten und aufgehellten Embryonen erkennen.

Kehren wir nun zu Fig. 5 (Taf. XXII) zurück. Der Herzbeutel (P) liegt, wie erwähnt, nun ganz auf der linken Seite und dorsal über der Schlinge, welche vom Enddarm gebildet wird. Wie beim erwachsenen Thier nimmt er einen verhältnismäßig großen Raum im beschalten Theile ein, wenigstens in der Portion des Schaleninhaltes, welche nicht vom eigentlichen Eingeweidesack in Anspruch genommen wird. Seine Gestalt wird, wie beim erwachsenen Thier, eine sehr unregelmäßige, indem er sich zwischen alle anliegenden Organe hineindrängt. Dieser Umstand verleitete die ersten Untersucher der Paludina zu der Behauptung, dass diese Schnecke überhaupt keinen Herzbeutel besitze.

Fig. 5 auf Taf. XXIII zeigt einen Querschnitt durch den Herzbeutel des eben besprochenen Stadiums. Die Wand des Herzbeutels, welche jetzt zu einem ganz dünnen Häutchen geworden ist, besteht aus sehr abgeplatteten Zellen, an welchen der Kern eine Hervorwölbung bildet. Das Perikard wird direkt vom Bindegewebe umgeben, dessen verästelte Spindelzellen es an die anliegenden Organe befestigen. Der Schnitt ist gerade durch die Stelle geführt, wo der Vorhof (V) in die Kiemenvene (Kv) übergeht. Demgemäß stößt die ventrale Wand der Mantelhöhle (Mh) hier an den Herzbeutel an. Man sieht zwei Kiemenblättchen (Ki) auf einem Durchschnitt, welcher zeigt, dass dieselben als hohle Hervorstülpungen der Kiemenhöhlenwand entstehen, in welche Bindegewebszellen einwandern; aus letzteren geht auch das innere Septum der einzelnen Kiemenblättchen hervor. Die Wand des Vorhofs ist ziemlich verdickt, was, wie ich glaube, darauf beruht, dass die von PERRIER neuerdings genau beschriebene Vorhofsdrüse (glande de l'oreillette) im Entstehen begriffen ist. Dorsal von dem Herzbeutel liegt die noch ziemlich weite Aorta (Ao). Ein anderer Schnitt derselben Serie (Taf. XXIII Fig. 5 a)

---

[1] G. WOLFF, Einiges über die Niere einheimischer Prosobranchiaten. Zool. Anzeiger. X. 1887.

zeigt die etwas flach getroffene Herzkammer ganz in der Nähe der Stelle, wo dieselbe in die Aorta (Ao) führt. Die äußere Wand der Kammer (wie auch des Vorhofs) wird von den großen hellen Zellen gebildet, welche schon von LEYDIG (1) beschrieben worden sind, darunter folgt die Muskelschicht, deren Fasern im Schnitt längs getroffen sind. Dieselben anastomosiren vielfach mit einander und durchsetzen den Hohlraum der Kammer in Gestalt von Bälkchen.

Vorhof und Kammer (Taf. XXIII Fig. 5) sind sehr scharf von einander abgesetzt und hängen nur durch einen sehr engen Kanal mit einander zusammen.

Paludina besitzt eine Urniere wie die übrigen Gasteropoden. Während dieselbe bei manchen Formen eine äußere ist und in Gestalt einiger großen, bläschenförmigen Zellen des Ektoderms, deren Protoplasma eingelagerte Exkretkörner enthält, erscheint, wie zum Beispiel bei Bythynia, hat Paludina ein Paar innere Urnieren, welche rechts und links hinten und ventralwärts vom Velum gelegen sind (Taf. XXI Fig. 2 und 3 U).

Die erste Anlage der Urniere findet sich auf dem Stadium, wo Mund und Ösophagus durch Einstülpung des Ektoderms entstehen, zu beiden Seiten des Embryo dicht hinter dem Rande des Velarfeldes (Taf. XXIII Fig. 9), und stellt einen kompakten Haufen von Mesodermzellen vor (U), welcher von unregelmäßig gelagerten Spindelzellen umgeben wird. Bald bildet sich darin ein Lumen aus (Taf. XXIII Fig. 10), und gleichzeitig nähert sich die Urnierenanlage der Oberfläche, so dass sie schließlich an das Ektoderm anstößt. Die Urniere erscheint nun, von außen gesehen (etwa auf dem in Fig. 1 Taf. XXI abgebildeten Stadium), als ein ziemlich dickwandiges, allseitig abgeschlossenes Säckchen. Jetzt durchbricht das distale Ende der Urnierenanlage das Ektoderm und ragt als ein unregelmäßiger Zellhaufen (U) etwas über die Oberfläche des Embryo hervor (Taf. XXIII Fig. 6). Die Zellen der Urniere unterscheiden sich bereits deutlich von den anliegenden Zellen des Mesoderms sowohl als auch des Ektoderms durch ihre Größe und hellere Färbung. Letztere Eigenthümlichkeit scheint darauf zu beruhen, dass die Urnierenzellen von nun ab eine viel geringere Affinität zu Farbstoffen haben als alle anderen embryonalen Zellen, abgesehen von denen des Velums. Dieser Umstand ermöglicht es, die Urniere auf Schnitten ziemlich rasch aufzufinden.

Nun streckt sie sich etwas in die Länge, wird röhrenförmig und erhält eine Ausmündung nach außen (Taf. XXIII Fig. 8). Fig. 2 auf Taf. XXI entspricht dem eben geschilderten Stadium und zeigt die Urniere (U) in situ. Die Ausmündung ist schon am ganzen Embryo deutlich zu sehen, an sie schließt sich ein röhrenförmiger, allmählich enger werdender Abschnitt, welcher sich hinten in ein Büschel von Spindelzellen auflöst, die gewissermaßen als Aufhängezellen der Urniere fungiren. Fig. 7, 8 und 11 auf Taf. XXIII sind Querschnitte durch den eben beschriebenen Embryo. Auf Fig. 8 ist die ziemlich enge Ausmündung (Oe) getroffen. Man bemerkt, dass die Zellen, welche die Urniere bilden, noch immer etwas über die Oberfläche des Ektoderms hervorragen und sich durch Größe, Färbung und Beschaffenheit ihrer Kerne deutlich von den unmittelbar anliegenden Ektodermzellen unterscheiden, in welche sie nicht allmählich übergehen, wie es der Fall sein müsste, wenn die Ausmündung durch Einstülpung des Ektoderms erfolgt wäre. Der auf Fig. 11 abgebildete Schnitt wurde etwas schräg durch den röhrigen Theil geführt. Endlich zeigt Fig. 7 einen Längsschnitt durch das innere Ende der Urniere und seine Umgebung. Die Endzellen tragen Wimpern, welche in das Lumen hineinragen und beim lebenden Embryo eine Flimmerung hervorrufen, die schon BÜTSCHLI beobachtete. Ich bin mir nicht ganz klar darüber geworden, ob die Wimpern von einer oder von mehreren der ziemlich ansehnlichen Endzellen des Urnierenganges ausgehen, halte aber letzteres für das Wahrscheinlichere. Weiter sind die Aufhängezellen auf dem Schnitt sehr deutlich zu sehen; sie befestigen das innere Ende der Urniere.

Im Laufe der Entwicklung streckt sich die Urniere noch etwas in die Länge, ohne aber im Wesentlichen ihren Bau zu ändern, und erreicht bei dem in Taf. XXII Fig. 1 abgebildeten Embryo den höchsten Grad ihrer Ausbildung. Sie erstreckt sich hier, von vorn nach hinten verlaufend, von der hinteren Grenze des Velarfeldes bis zur Mantelrinne, in welche sich die zum größten Theil auf der rechten Körperhälfte befindliche Mantelhöhle fortsetzt, um hier nach außen auszumünden. Auf diesem Stadium schien mir, bei Untersuchung des lebenden Embryo, als ob ich eine innere Öffnung der Urniere in die Leibeshöhle erkennen könnte; da ich dieselbe jedoch auf Schnitten nicht nachzuweisen vermochte, kann ich ihr Vorhandensein nicht mit voller Sicherheit behaupten und damit eine größere Übereinstimmung im Bau der Urniere von Paludina und derjenigen der Pulmonaten beweisen. Existirt wirklich keine innere Ausmündung, so ließe sich die Urniere von Paludina am besten mit den Exkretionsorganen der Plathelminthen vergleichen. Doch wäre denkbar, dass diese Abweichung nur die Folge einer gewissen Rückbildung sein könnte. Es ist mir übrigens niemals gelungen, irgend welche Konkremente oder Exkretkörner in den Urnierenzellen zu konstatiren.

Die Ansichten früherer Beobachter über die eben besprochenen Punkte der Gasteropodenentwicklung gehen zwar vielfach aus einander, dennoch zeigen die letzten Arbeiten eine gewisse Übereinstimmung, welche mit den von mir gewonnenen Resultaten harmonirt. Dies bezieht sich namentlich auf die Bildung des Herzbeutels, der Niere und des Herzens.

Was zunächst Paludina anbelangt, so ist diese Art in Bezug auf die Entwicklung des Herzens und der Gefäße mit einer größeren Anzahl von anderen Formen von GANIN (3) untersucht worden. Derselbe lässt das Herz als eine Verdickung der rückenständigen Herzbeutelwand entstehen. In der Mitte des soliden Herzwulstes bilde sich eine Einschnürung, die das Herz in Atrium und Ventrikel scheidet; aus den Theilen des primären Herzens, welche in Verbindung mit dem Perikard bleiben, entwickle sich ein kleiner Theil der Aorta und der Kiemenvene, der größere Theil der Blutgefäße entstehe ganz unabhängig vom Herzwulst. Während diese Beobachtungen im Allgemeinen mit den in meiner Untersuchung mitgetheilten übereinstimmen, giebt GANIN an, dass die Niere aus dem Ektoderm sich bildet.

BÜTSCHLI (10), welcher speciell Paludina untersuchte, sah das Perikard vor dem Herzen entstehen und beschreibt dasselbe als einen großen Sack, welcher auf der linken Seite des Darmes zwischen Magen, Leber und der Leibeswand liegt. Er vermuthet, dass der Herzbeutel mesodermalen Ursprunges ist. Das Perikard verkleinert sich zu einem birnförmigen Beutel, welcher etwa die Größe des Magens hat und auf der linken Seite liegt, mittlerweile hat sich das eigentliche Herz ausgebildet. Es ist ihm nicht gelungen, den Ursprung des Herzens zu ermitteln, er glaubt aber, annehmen zu dürfen, dass es sich als eine Einfaltung des reducirten Herzbeutels anlegt. Weiter lässt er die Niere als eine schlauchartige Einstülpung der Mantelhöhle entstehen, und unterscheidet daran einen vorderen ausführenden und einen hinteren secernirenden Abschnitt, welcher mit dem Herzbeutel in Kommunikation steht. Er erkennt die Urniere als solche, beschreibt die Flimmerung in ihrem Inneren und vermuthet, dass sie eine äußere Öffnung besitzt, ist aber über ihren Ursprung nicht ins Klare gekommen. Meine Untersuchungen haben die in Bezug auf den Ursprung des Herzbeutels und Herzens gemachten Vermuthungen BÜTSCHLI's bestätigt.

SALENSKY (2) lässt Niere und Herz bei Calyptraea sinensis aus einer gemeinsamen Anlage, welche in »einer Höhlung im Inneren der Mantelfalte sich befindet«, entstehen, und schreibt der rechts gelegenen Niere sowie dem Herzen einen mesodermalen Ursprung zu. Die gemeinsame Anlage des Herzens und der Niere erklärt er daraus, dass von allen Theilen des Herzens zuerst das Perikard sich bildet.

FOL ist bei den Pteropoden (7) zu Ansichten gelangt, welche den bis jetzt mitgetheilten widersprechen. Er behauptet nämlich, dass das Herz zeitlich vor dem Perikard, und zwar aus einer soliden Anhäufung von Mesodermzellen entstehe. Die unvollständige Umhüllungsmembran des Herzens, d. h. das Perikard (er stellt nämlich die Existenz eines wirklichen abgeschlossenen Perikards in Abrede), soll sich durch Verdichtung des anliegenden Gewebes bilden, tritt dann mit der Niere in Verbindung, welche von der ektodermalen Mantelhöhleneinstülpung, aus der sie entstanden ist, sich ablöst. Bei den Pulmonaten (13) dagegen findet er einen Herzbeutel, welcher aber erst nach der Bildung des Herzens aus dem Mesoderm entsteht und nur nach und nach das Aussehen einer kontinuirlichen Membran erhält. Das Herz bildet sich als eine einfache Differenzirung des Mesoderms. Die ektodermale Nierenanlage tritt mit dem Herzbeutel in Verbindung. Er beschreibt weiter eine innere Urniere und einige große gelbe Ektodermzellen, welche über dem Velum eine Reihe bilden und wohl mit dem larvalen Exkretionsorgan in einer gewissen Beziehung stehen dürften. In dieser Arbeit befindet sich eine Bemerkung über den Herzbeutel der Paludina. FOL bestreitet nämlich, dass der von BÜTSCHLI beschriebene Sack das Perikard vorstelle, jedoch unterlässt er, seine eigene Ansicht darüber mitzutheilen.

BOBRETZKY (11) sieht bei Nassa mutabilis das Herz am Grunde der Kiemenhöhle als eine kompakte Anhäufung von Mesodermzellen, in welcher sich eine Höhle bildet, entstehen. Die Urnierenanlage ist ektodermal, eben so auch diejenige der bleibenden Niere, welche sich von der Wand der Kiemenhöhle abschnürt.

Da RABL in der Entwicklungsgeschichte von Planorbis (12) hinsichtlich vieler Punkte Ansichten vertritt, welche den von ihm in seiner Ontogenie der Süßwasserpulmonaten 5) früher entwickelten

entgegengesetzt sind, so soll nur die spätere Arbeit hier berücksichtigt werden. Bei Planorbis ist die Nierenanlage mesodermal und
tritt erst nachträglich mit dem Ektoderm in Verbindung, indem sie
als ein langgestreckter Schlauch links vom Enddarm ausmündet, sie
hängt an ihrem inneren Ende mit dem Herzbeutel zusammen. Aus
der Darstellung RABL's geht mit Sicherheit hervor, dass er auch den
ausführenden Theil der Niere vom Mesoderm ableitet. Ursprung
und Bildung des Herzbeutels und Herzens sind nicht festgestellt
worden, jedoch soll das Herz aus dem Mesoderm stammen.

In dem Auszug der WOLFSOHN'schen Arbeit über Lymnaeus
ist nichts von den in Bezug auf Herz und Niere gewonnenen Resultaten mitgetheilt.

JOYEUX LAFFUIE (21) findet bei Onchidium die erste Anlage der
Niere rechts, und diese soll auftreten, ehe noch etwas vom Herzen zu sehen ist. Sie entsteht als eine ektodermale Einstülpung
des Mantelrandes und tritt mit dem Perikard in Zusammenhang, jedoch erhält sich die Kommunikation nur kurze Zeit und existirt
beim erwachsenen Thiere nicht mehr[1]. Das Herz legt sich ebenfalls
rechts an und ist von JOYEUX LAFFUIE erst dann gesehen worden, wie es schon eine Trennung in Vorhof und Kammer zeigte.
Das Perikard entsteht nach ihm erst nach dem Herzen, doch ist
seine Anschauung über die Bildungsweise eine so eigenthümliche,
dass ich es vorziehe, dieselbe wörtlich wiederzugeben. »Dans les
premiers moments de leur apparition les deux vésicules qui vont
former le coeur en essayant pour ainsi dire de se contracter ne
montrent pas la limite de leurs parois; leur cavité seule est visible:
mais en même temps que les contractions deviennent mieux carac-
térisées, les parois se montrent avec plus de netteté, se séparent
des sinus environnants et ainsi se forme la cavité péricardique dans
laquelle ou voit nettement l'oreillette et le ventricule animés de contractions brusques.«

Nach SARASIN (18) entsteht bei Bythynia das Perikard als
Hohlraum im Mesoderm, und das Herz als eine Wucherung der Herz-
beutelwand. Die Niere bildet sich rechts als eine ektodermale
Verdickung und kommt nach der Torsion links zu liegen.

Bei Vermetus entsteht nach SALENSKY (26) der Herzbeutel,

---

[1] Die Richtigkeit dieser Angabe ist von verschiedenen Seiten bezweifelt
worden. R. BERGH hat in einer Arbeit »Über die Verwandtschaftsbeziehungen
der Onchidien«. Morph. Jahrb. Bd. X. 1885 den Zusammenhang zwischen Perikard und Niere bei Onchidium tumidum nachgewiesen.

3*

welcher dem **Cölom** entspricht, durch Auseinanderweichen der **Zellen** des perikardialen Mesoderms. Das **Herz** bildet sich darin als eine Verdickung des splanchnischen Mesoblasts, faltet sich allmählich von diesem ab und schnürt sich in der Mitte ein, wodurch **es in** einen **Vorhof** und eine **Kammer** zerfällt. Die **Niere** tritt relativ **spät** auf, und zwar ganz **in der Nähe** des Herzbeutels, **entsteht aus dem Mesoderm und vereinigt sich** bald mit **einer** Einstülpung der Mantelhöhle, welche **zu ihrem** Ausführgang wird.

SCHALFEEW (33) ist, in Bezug **auf die** Bildung der Niere bei **Limax agrestis**, zu beinahe denselben Resultaten gelangt wie ich **für Paludina.** Der Herzbeutel ist bei **Limax** zuerst ein kompakter **Haufen von Mesodermzellen, in welchem später durch** Delamination **eine Höhlung entsteht.** Diese entspricht dem **Cölom und** wird von **einer ein Mesenterium darstellenden Falte** in zwei **Abschnitte zerlegt, von denen der rechte zur Niere wird.** Der Ausführgang der **Niere bildet sich als eine ektodermale Einstülpung,** das Herz als **eine Verdickung der »unteren«** Perikardwand, **höhlt** sich aus und bleibt mit **dem Herzbeutel an seinem vorderen** und hinteren Ende in **Zusammenhang.**

Ich glaube, dass eine **Kritik der eben** im Auszug **mitgetheilten** Untersuchungen über die Entwicklung der Gasteropoden, im **Wesentlichen die von mir bei Paludina gemachten** Beobachtungen **bestätigt und zu einigen allgemeineren** Schlüssen berechtigt. Der **Herzbeutel, welcher aus dem** mittleren Keimblatt **entsteht, repräsentirt** zweifellos das bei den **Mollusken mehr oder weniger reducirte** Cölom. **Es bildet sich ja principiell** durch Auseinanderweichen **des splanchnischen und des somatischen Blattes des** Mesoderms, wenn auch der ursprüngliche Vorgang gewöhnlich etwas verwischt wird. Auch hat schon die vergleichende **Anatomie zu demselben** Schluss geführt, da ja die **Durchbohrung des Perikards durch den** Enddarm, eine Erscheinung, **welche bekanntlich bei vielen Formen** beobachtet wurde, sich nur durch **die Annahme erklären lässt,** dass das Perikard **der** sekundären Leibeshöhle **entspricht.**

Es ist mir bei Paludina **nicht geglückt,** den unmittelbaren Übergang des Cöloms in das **Perikard** nachzuweisen, weil ja die ganze sekundäre Leibeshöhle sehr früh **von den** Spindelzellen des Mesoderms vollkommen unregelmäßig **durchsetzt** wird, jedoch bildet sich **die** Anlage des Herzbeutels **zwischen** den **zwei** Mesodermschichten, **von denen** die eine **die** Innenfläche des **Ektoderms,** die andere die äußere **Fläche** des Darmes **bekleidet.**

Es frägt sich daher, ob der Herzbeutel der ganzen sekundären Leibeshöhle, welche dann bedeutend reducirt wäre, oder nur einem Theile derselben entspricht, so dass dann der Rest des Cöloms mit der primären Leibeshöhle oder Furchungshöhle zusammenfallen würde. Ich neige nun zu der zweiten Ansicht und glaube, dass das Cölom nur theilweise als solches im Herzbeutel persistirt, während der weitaus größere Theil desselben durch die ihn durchwachsenden Spindelzellen undeutlich gemacht wird und daher sich mit der primären Leibeshöhle deckt. Die in dieser Arbeit beschriebene Entwicklung des Cöloms der Paludina scheint mir diesen Schluss zu rechtfertigen und meine, übrigens noch nicht abgeschlossenen Untersuchungen über die Bildungsweise der Gefäße bestärken mich in dieser Ansicht.

Weiter geht die Anlage des Herzens aus einer Einstülpung der Herzbeutelwand hervor, welche Einstülpung zuerst die Gestalt einer Rinne, dann einer nur an beiden Enden mit dem Perikard zusammenhängenden Röhre besitzt.

Nach SALENSKY (26) entsteht das Herz aus dem splanchnischen Blatt des Mesoderms, doch kann ich nicht dasselbe von Paludina behaupten, da hier meine Erfahrungen eher dagegen sprechen.

Was die Niere anbelangt, so bin ich der Ansicht, dass der secernirende Abschnitt derselben aus dem Mesoderm stammt und dass diejenigen Beobachter, welche ihn aus dem Ektoderm entstehen lassen, entweder nur den ausführenden Theil der Niere berücksichtigt haben oder, was noch häufiger geschieht, die beiden Abschnitte nicht in ihrem Zusammenhang erkannten: Der ausführende Theil wird nämlich von Allen, mit Ausnahme von RABL. aus einem Theil der Mantelhöhle abgeleitet.

SCHALFEEW's Mittheilung und diese Arbeit erklären den Zusammenhang der Niere mit dem Herzbeutel auf ganz ungezwungene Weise.

Es wird jetzt allgemein angenommen, dass die Urform der Gasteropoden ein Paar von Nieren besessen haben muss, welche rechts und links vom Herzbeutel lagen, mit demselben in offener Verbindung standen und rechts und links vom After ausmündeten. Einige Prosobranchiaten entsprechen wirklich noch einigermaßen diesem Schema und sind[1], da sie zwei Vorhöfe besitzen, unter dem Namen

---

[1] E. BOUVIER, Système nerveux, morphologie et classification des Gastéropodes Prosobranches. Thèse. Paris 1887.

Diotocardier und Heterocardier zusammengefasst und den anderen
Formen, welche nur einen Vorhof besitzen, oder den Monotocardiern,
entgegengestellt worden. Zu den Diotocardiern gehören Fissurella,
Haliotis, Trochus, und zu den Heterocardiern Patella. (Die
Neritiden, welche ebenfalls zwei Vorhöfe besitzen, von denen der
linke bedeutend größer ist, haben nur eine Niere.) Die eben auf-
gezählten Formen haben im ausgebildeten Zustand zwei Nieren, von
denen die rechte stets die größere ist und stets als Exkretionsorgan fungirt, während die linke bedeutend kleiner ist und nur noch
bei Fissurella physiologisch als Niere thätig ist (PERRIER 37). Daraus ist nun von v. IHERING, BÉLA HALLER (30) und PERRIER der
Schluss gezogen worden, dass die einzige erhalten gebliebene
Niere der Monotocardier der rechten Niere der Diotocardier entspreche.

Die entgegengesetzte Ansicht vertritt RAY LANKESTER[1], welcher
aus dem Umstand, dass bei zahlreichen Prosobranchiern, welche nur
eine Niere besitzen, die Ausmündung des Ureters sich gewöhnlich
auf der linken Seite des Afters befindet, die Behauptung aufstellt,
dass die Niere dieser Formen der linken kleineren Niere von Patella entspreche.

PERRIER bestreitet die Richtigkeit der Hypothese des englischen
Forschers, da seine (PERRIER's) Untersuchungen ergeben haben, dass
die Lagerung der Mündung des Ureters in Bezug zum After bei den
Monotocardiern eine sehr variable ist und seiner Ansicht nach diejenige Hypothese den Vorzug verdient, welche die größtmögliche
Einheitlichkeit und Übereinstimmung im Bauplan der Prosobranchiaten begründet.

Wie verhalten sich nun die der Entwicklungsgeschichte von
Paludina entnommenen Daten zu der eben erörterten Streitfrage?
Die Embryologie von Paludina zeigt auf das deutlichste, dass die
beim erwachsenen Thier allein erhaltene Niere vor der Torsion
die rechte war, nach der Torsion aber, d. h. bei der ausgebildeten
Schnecke, links vom Enddarm liegt, wie auch die Ausmündung des
Ureters links vom After sich befindet.

Dagegen würde die rechte Niere eines erwachsenen Diotocardiers
vor der Torsion, welche diese Formen wie alle Schnecken durch-

---

[1] RAY LANKESTER, 1) On some undescribed points in the anatomy of
the Limpet. Ann. Mag. Nat. Hist. 3 Series. XX. 1867. 2) On the originally
bilateral character of the renal organ of Prosobranchia, and on the homologies
of the yolk-sac of Cephalopoda. Ann. of Nat. Hist. 5 Series. VII. 1881.

machen, ursprünglich die linke gewesen sein. Da aber bei Paludina die ursprünglich (vor der Torsion) linke Niere zurückgebildet
wird, so ist es klar, dass die erhaltene Niere der linken Niere
des erwachsenen Diotocardiers entsprechen muss. Also spricht die
Embryologie ganz entschieden zu Gunsten der sonst ziemlich ohne
ausreichende Stützen aufgestellten Hypothese RAY LANKESTER's. Der
historische Überblick, den ich über die Litteratur der Entwicklungsgeschichte der Gasteropoden gegeben habe, zeigt, dass bei allen auf
ihre Entwicklung untersuchten Formen, bei denen nur eine Niere
erhalten ist, die Anlage derselben sich zuerst auf der rechten Körperhälfte befindet und erst mit der Torsion allmählich von rechts
nach links wandert.

Wie steht es aber in vergleichend-anatomischer Hinsicht des
Zusammenhanges der beiden Nieren der Diotocardier mit dem Herzbeutel?

Bei Fissurella (PERRIER) mündet die rechte Niere in den
Herzbeutel, die linke nicht, bei Haliotis ist das Umgekehrte der
Fall, die linke Niere (welche dem sogenannten Papillargang HALLER's
entspricht und nicht mit der rechten in Zusammenhang steht, mündet
allein in den Herzbeutel, eben so verhält sich Trochus, während
wieder bei Patella nach den neuesten Untersuchungen nur die rechte
Niere in den Herzbeutel münden soll[1]. Daraus scheint mir die Kommunikation der Nieren mit dem Herzbeutel, ein mindestens eben so
wichtiger Punkt als die relative Größe der einen oder der anderen
Niere, keineswegs eine vollkommene Übereinstimmung zu zeigen.

Ich glaube daher, dass in allen den Fällen, wo die Lagerungs-
beziehungen der Niere und ihres Ausführganges in Bezug zum After
am erwachsenen Thiere nicht festgestellt werden können, die Entwicklungsgeschichte allein den Ausschlag geben kann. Weiter wäre
es nöthig, die Entwicklung eines Diotocardiers auf das Schicksal
beider Nieren zu untersuchen, um daraus einen Schluss auf die Verhältnisse bei den Monotocardiern machen zu können. PATTEN's (27)
Untersuchung über die Embryologie von Patella erstreckt sich nur

---

[1] RAY LANKESTER behauptete zuerst den Zusammenhang beider Nieren
von Patella mit dem Herzbeutel, darauf verbesserte er diese Angabe nach einer
mit G. BOURNE unternommenen Untersuchung dahin, dass nur die rechte Niere
eine Verbindung mit der Herzbeutelhöhle besitze. CUNNINGHAM (The renal organs [nephridia] of Patella. Quart. Journ. of Micr. Science. T. XXIII. 1883)
findet wieder auf Schnitten eine Kommunikation beider Nieren mit dem Herzbeutel, während PERRIER dieselbe nur für die rechte zugiebt.

auf die ersten Entwicklungsstadien, und BOUTAN's (31 Arbeit über
die Entwicklung von Fissurella giebt über diesen, sowie zahlreiche
andere interessante Punkte, gar keinen Aufschluss.

Der Ureter von **Paludina** soll nach v. IHERING keineswegs dem
sekundären Harnleiter der Heliceen (25 homolog sein. Ich stimme
darin v. IHERING vollkommen bei und schließe aus den Untersuchungen von BRAUN .34) und BEHME[1] (35), dass der Ureter von Paludina
nur dem sogenannten primären Harnleiter von Helix entspricht. Damit wäre der sekundäre Harnleiter der Heliceen eine neuerworbene
Eigenthümlichkeit der Nephropneusten v. IHERING's.

Die Bildung des secernirenden Abschnittes der Niere aus dem
Epithel des Cöloms (Perikard) rechtfertigt den Vergleich der Niere
mit den Segmentalorganen der Würmer, zu welchem schon der Zusammenhang der Niere mit dem Herzbeutel geführt hatte.

Auf das Vorkommen zweier Paare von Exkretionsorganen: blei-
bende Niere und innere Urniere, welche beide im Wesentlichen denselben Bau besitzen und daher mit Segmentalorganen übereinstimmen,
ist die Hypothese gegründet worden, die Mollusken ließen in ihrer
Entwicklungdie Anlage von zwei Segmenten erkennen.

Am Schlusse dieser Arbeit sei mir gestattet, meinem hochverehrten Lehrer, Herrn Prof. BÜTSCHLI, für die Anregung und mannigfache Förderung dieser Untersuchung zu danken. Auch bin ich
Herrn Prof. BLOCHMANN für manchen freundlichen Rath, besonders
hinsichtlich der Technik, verpflichtet.

Heidelberg, den 28. Januar 1891.

---

[1] BEHME scheint mir mit Unrecht die Beobachtungen SCHALFEEW's bei
Limax zu bestreiten, da er selbst offenbar eine zu geringe Anzahl von Embryonen, und vor allen Dingen nicht hinreichend junge Stadien untersucht hat,
um zu einer richtigen Vorstellung von der Entwicklung der Niere zu gelangen.

Litteraturverzeichnis.

1) F. Leydig, Über Paludina vivipara. Zeitschrift für wiss. Zoologie. Bd. II. 1850.

2) W. Salensky, Beiträge zur Entwicklung der Prosobranchiaten und Referat. Zeitschrift für wiss. Zoologie. Bd. XII. 1872.

3) M. Ganin, Beitrag zur Lehre von den embryonalen Blättern bei den Mollusken. Warschauer Universitätsberichte. 1873 (war mir nicht zugänglich). Referat darüber im Jahresbericht über Anat. und Physiol. Bd. II. 1872, und in Zeitschrift für wiss. Zoologie. Bd. XII. 1872.

4) E. Ray Lankester, On the development of the Pond Snail. Quart. Journ. of microscopical Science. 1874.

5) C. Rabl, Die Ontogenie der Süßwasserpulmonaten. Jenaische Zeitschrift für Naturwissenschaft. Bd. IX. 1875.

6) H. v. Ihering, Entwicklungsgeschichte von Helix. Jenaische Zeitschrift für Naturwissenschaft. Bd. IX. 1875.

7) H. Fol, Etudes sur le développement des Ptéropodes. Archives de zoologie expérimentale. Vol. IV. 1875.

8) —— Etudes sur le développement des Hétéropodes. Archives de zoologie expérimentale. Vol. V. 1876.

9) H. v. Ihering, Zur Morphologie der Niere der sogenannten »Mollusken«. Zeitschrift für wiss. Zoologie. Bd. XXIX. 1877.

10) O. Bütschli, Entwicklungsgeschichtliche Beiträge. Über Paludina vivipara. Zeitschrift für wiss. Zoologie. Bd. XXIX. 1877.

11) N. Bobretzky, Studien über die embryonale Entwicklung der Gasteropoden. Archiv für mikr. Anatomie. Bd. XIII. 1877.

12) C. Rabl, Über die Entwicklung der Tellerschnecke. Morph. Jahrb. Bd. V. 1879.

13) H. Fol, Développement des Gastéropodes pulmonés. Archives de zoologie expérimentale. Vol. VIII. 1879—1880.

14) W. Wolfsohn, Die embryonale Entwicklung von Lymnaeus stagnalis. Bulletins de l'Académie imperiale des sciences de St. Pétersbourg. Bd. XX. 1880. (Die russische Originalarbeit war mir nicht zugänglich.)

15) O. und R. Hertwig, Die Cölomtheorie. Jena 1881.

16) J. W. Spengel, Die Geruchsorgane und das Nervensystem der Mollusken. Zeitschrift für wiss. Zoologie. Bd. XXXV. 1881.

17) F. Blochmann, Über die Entwicklung der Neritina fluviatilis. Inaug.-Dissertation. Zeitschrift für wiss. Zoologie. Bd. XXXVI. 1881.

18) P. Sarasin, Die Entwicklungsgeschichte der Bythinia tentaculata. Inaug.-Dissertation. Wiesbaden 1882.

19) C. A. Haddon, Notes on the development of Mollusca. Quart. Journal of micr. science. Vol. XXII. 1882.

20) A. KOWALEVSKY, Embryogénie du Chiton Polii. Annales du Mus. Hist. Nat. de Marseille. Tome I. 1882.

21) JOYEUX LAFFUIE, Organisation et développement de l'Oncidie. Archives de zoologie expérimentale. T. X. 1882.

22) L. MANFREDI, Le prime fasi dello sviluppo dell' Aplysia. Atti acad. Napoli. Vol. IX. 1882.

23) C. RABL, Beiträge zur Entwicklungsgeschichte der Prosobranchier. Sitzber. der k. Akademie der Wiss. Wien. LXXXVI. Jahrgang. 1883.

24) F. BLOCHMANN, Beiträge zur Kenntnis der Entwicklung der Gasteropoden. Zeitschrift für wiss. Zoologie. Bd. XXXVIII. 1883.

25) v. IHERING, Der uropneustische Apparat der Heliceen. Zeitschrift für wiss. Zoologie. Bd. XLI. 1884.

26) W. SALENSKY. Etudes sur le développement du Vermet. Archives de Biologie. Vol. VI. 1885.

27) W. PATTEN, The embryology of Patella. Arbeiten des zoolog. Instituts Wien. Bd. VI. 1885.

28) O. BÜTSCHLI, Bemerkungen über die wahrscheinliche Herleitung der Asymmetrie der Gasteropoden, speciell der Asymmetrie im Nervensystem der Prosobranchiaten. Morph. Jahrb. Bd. XII. 1886.

29) J. PLAYFAIR MACMURRICH, Notes on the embryology of the Gasteropods. Preliminary notice und A contribution to the embryology of the prosobranch Gasteropods. Stud. biol. laboratory of the Johns Hopkins University Baltimore. Vol. 3. 1886.

30) B. HALLER, Beiträge zur Kenntnis der Niere der Prosobranchiaten. Morph. Jahrb. Bd. XII. 1886.

31) BOUTAN, Recherches sur l'anatomie et le développement de la Fissurelle. Arch. Zool. exp. 2. série. T. III bis 1885.

32) F. RHO, Studii sullo sviluppo della Chromodoris elegans. Atti acad. Napoli. Vol. I. 1885.

33) W. SCHALFEEW, W. SCHIMKEVITSCH, Sur le dévoloppement du coeur des mollusques pulmonés d'aprés les observations de M. SCHALFEEW. Zool. Anzeiger. 11. Jahrgang. pag. 65. 1888.

34) M. BRAUN, Über die Entwicklung des Harnleiters bei Helix pomatia. Nachr.-Bl. Mal. Ges. Frankfurt. 20. Jahrgang. 1888.

35) TH. BEHME, Beiträge zur Anatomie und Entwicklungsgeschichte des Harnapparates der Lungenschnecken. Archiv für Naturgesch. 55. Jahrgang. Bd. I. 1. Heft. 1889.

36) C. RABL, Theorie des Mesoderms. Morph. Jahrb. Bd. XV. 1889.

37) R. PERRIER, Recherches sur l'anatomie et l'histologie du rein des Gastéropodes. Annales des sciences naturelles Zoologie. T. VIII. 1889.

Erklärung der Abbildungen.

Folgende Buchstaben gelten für alle Abbildungen:

A After, *Ao* Aorta, *Au* Auge.

B Blastoporus.

C Cölom.

D Darm, *De* Deckel (Operculum).

E Enddarm.

F Furchungshöhle, *Fu* Fuß, *Fü* Fühleranlage.

G Anlage des Geschlechtsganges, *Gd* Geschlechtsdrüse = Keimdrüse.

K Herzkammer, *Ki* Kieme, *Kv* Kiemenvene.

L Leber.

M Magen, *Mf* Rand der Mantelfalte (*r* rechter, *l* linker) oder Mantelwulst, *Mh* Mantelhöhle = Kiemenhöhle, *Mhb* Boden derselben.

N Niere, *N'* rudimentäre linke Niere. *Na* Nierenausführgang. *Na'* rudimentärer Ausführgang der linken Niere.

O Otolithenblase, *Os* Mund.

ö Öffnung der Niere in den Herzbeutel. *Oe* Öffnung der Urniere nach außen.

P Perikard, *P'* linker Abschnitt desselben.

R Radulasack, *r* Richtungskörper.

U Urniere, *Ur* Urdarm.

S Ösophagus, *Sp* SPENGEL'sches Organ, *Sch* Schalendrüse, *Scha* Schale. *Srf* Schalenfalz, *Sept* Septum des Herzbeutels.

V Velum, *Vo* Vorhof.

Die Umrisse sämmtlicher Figuren sind mit dem ABBÉ'schen Zeichenapparat und dem ZEISS'schen Kompensationsocular Nr. 4 gezeichnet. Es wurden die ZEISS'schen Apochromate verwendet, und zwar die Trockensysteme 16, 8 und 4 (Brennweite in Millimeter) und die homogene Immersion 2 mm. Eine Angabe der Vergrößerung ist jeder Figur beigefügt, in so fern nicht die wirkliche Länge des betreffenden Stadiums angegeben ist. Sämmtliche Schnitte sind so gezeichnet, dass man auf die vordere Schnittfläche sieht.

Tafel XX.

Fig. 1. Ausgebildete Gastrula im optischen Längsschnitt. Länge 0,06 mm.

Fig. 2. Anfang der Mesodermbildung im horizontalen optischen Längsschnitt. Länge 0,1 mm.

Fig. 3. Sagittaler optischer Schnitt durch einen Embryo, bei welchem Cölom und Darm durch Abschnürung vom Urdarm entstehen. Länge 0,09 mm.

Fig. 4. Derselbe Embryo im horizontalen optischen Längsschnitt.

44

Fig. 5. Horizontaler optischer Längsschnitt eines Embryo, bei welchem sich der Cölomsack vom Darm ganz getrennt hat. Länge 0,18 mm.

Fig. 6. Ein entsprechendes Stadium im sagittalen optischen Schnitt.

Fig. 7. Sagittaler optischer Durchschnitt eines Embryo, bei welchem das Mesoderm in Auflösung begriffen ist. Vergr. 400.

Fig. 8. Sagittaler optischer Durchschnitt eines Embryo, dessen Mesoderm schon in Spindelzellen zerfallen ist. Vergr. 400.

Fig. 9. Sagittaler optischer Durchschnitt eines älteren Embryo: die verästelten Mesodermzellen durchsetzen die Leibeshöhle ganz unregelmäßig. Vergr. 400.

Fig. 10. Horizontaler wirklicher Längsschnitt durch einen Embryo, dessen Mesoderm sich in ein viscerales und ein parietales Blatt gesondert hat. Vergr. 400.

Fig. 11. Sagittaler wirklicher Schnitt durch ein der Fig. 7 entsprechendes Stadium. Vergr. 400.

Fig. 12. Querschnitt durch das Perikard, bei welchem das Septum sich eben zurückgebildet hat. Vergr. 400.

Fig. 13. Querschnitt durch die mittlere Gegend eines der Fig. 5 entsprechenden Stadiums. Vergr. 400.

Fig. 14. Querschnitt durch einen der Fig. 3 und 4 entsprechenden Embryo. Der Schnitt ist durch das Hinterende etwas vor dem Blastoporus geführt. Vergr. 450.

Fig. 15. Querschnitt durch dasselbe Stadium; der Schnitt ist durch die Mitte des Embryo gleich hinter dem Velum gelegt. Vergr. 450.

Fig. 16. Horizontaler Schnitt durch die Anlage des Herzbeutels. Vergr. 400.

Tafel XXI.

Fig. 1. Ansicht von der rechten Seite eines Embryo, bei welchem das Perikard durch ein Septum in zwei Abschnitte getheilt wird. Länge 0,52 mm.

Fig. 2. Dieselbe Ansicht eines Embryo mit einheitlichem Perikard. Länge 0,64 mm.

Fig. 3. Dieselbe Ansicht eines Embryo, in welchem das Herz sich eben anlegt. Länge 0,7 mm.

Fig. 4. Perikard und Herzanlage eines der Fig. 3 entsprechenden Stadiums, von hinten gesehen.

Fig. 5. Perikard und Herzanlage von der linken Seite.

Fig. 6. Von oben gesehen.

Fig. 7. Seitliche Ansicht des beschalten Hinterendes eines etwas älteren Embryo, von der rechten Seite. Gesammtlänge 0,8 mm.

Fig. 8—14. Aus Schnittserien rekonstruirte Hinterenden von Embryonen. Fig. 10 und 14 sind aus horizontalen Schnitten, die anderen aus Querschnitten rekonstruirt.

Fig. 8. Der Embryo liegt dem Alter nach zwischen Fig. 1 und 2 derselben Tafel.

Fig. 9. Der Embryo entspricht der Fig. 2 derselben Tafel.

Fig. 10. - - - - - 1 auf Taf. XXII.

Fig. 11. - - - - - 3 - - XXI.

Fig. 12. - - - - - 1 - - XXII.

Fig. 13. Der Embryo entspricht der Fig. 2 auf Taf. XXII.
Fig. 14.   -   -   -   -   -   8   -   -   XXI.

Tafel XXII.

Fig. 1. Ansicht von der linken Seite eines Embryo, bei welchem sich die
         Kiemen anlegen. Länge 0,9 mm.
Fig. 2. Ein etwas älterer Embryo von der rechten Seite. Länge 1 mm.
Fig. 3. Optischer Längsschnitt durch die Niere eines der Fig. 2 derselben
         Tafel entsprechenden Stadiums, aus sagittalen Schnitten kombinirt.
Fig. 4. Horizontaler Schnitt durch die Herzbeutelgegend eines Embryo, wel-
         cher wenig älter ist als der, dem der Schnitt Fig. 16 auf Taf. XX
         entnommen ist. Vergr. 400.
Fig. 5. Ein nahezu reifer Embryo, von der linken Seite gesehen. Länge
         1,5 mm.
Fig. 6. Querschnitt durch die Herzbeutelgegend eines Embryo, welcher Fig. 1
         auf Taf. XXI entspricht. Vergr. 400.

Tafel XXIII.

Fig. 1. Querschnitt durch die Herzbeutelgegend eines Embryo, welcher Fig. 2
         auf Taf. XXI entspricht. Vergr. 200.
Fig. 2 und 3. Querschnitte durch einen Embryo, welcher Fig. 3 auf Taf. XXI
         entspricht.
Fig. 2. Der Schnitt ist durch die Herzanlage geführt.
Fig. 3.   -   -   -   -   - Nierenanlage -
Fig. 4. Optischer Längsschnitt durch die Niere eines der Fig. 5 auf Taf. XXII
         entsprechenden Embryo, aus Längsschnitten kombinirt.
Fig. 5. Querschnitt durch Herzbeutel und Herz desselben Embryo.
Fig. 5 a. Schnitt durch die Herzkammer (dieselbe Serie).
Fig. 6. Querschnitt durch die Anlage des Urnierenausführganges. Vergr. 800.
Fig. 7. Querschnitt durch das innere Ende der Urniere eines Embryo, wel-
         cher Fig. 2 auf Taf. XXI entspricht. Vergr. 800.
Fig. 8. Querschnitt durch den Ausführgang der Urniere (dieselbe Serie).
         Vergr. 800.
Fig. 9. Horizontaler Schnitt durch die eben angelegte Urniere. Vergr. 400.
Fig. 10. Querschnitt durch die Urnierenanlage, in welcher sich eben ein Lumen
         gebildet hat. Vergr. 400.
Fig. 11. Querschnitt durch den mittleren Theil der Urniere, dieselbe Serie wie
         Fig. 7 und 8. Vergr. 800.

Lebenslauf.

Ich, RAPHAEL SLIDELL Freiherr VON ERLANGER, bin am 23. Juli 1865 zu Paris geboren. Ich bin katholischer Konfession und preußischer Staatsangehöriger.

Nach siebenjährigem Besuch der Ecole libre de la rue de Madrid zu Paris, bestand ich den 13. Juli 1883 die Prüfung des Baccalauréat ès Lettres auf der Sorbonne, nach zweijährigem Besuch der Prima der Wöhlerschule in Frankfurt a. M. die Maturitätsprüfung den 17. September 1885, und erlangte schließlich das Zeugnis der Reife auf dem Gymnasium zu Gießen den 12. August 1886.

Ich studirte darauf ein Semester Medicin zu Bonn, wo ich bei Prof. VON LA VALETTE ST. GEORGES, CLAUSIUS, KÉKULÉ, LEYDIG, Dr. BARFURTH und MARTIUS hörte.

Ich zog darauf nach Heidelberg, wo ich vom Sommersemester 1887 bis zum Schluss des Sommersemesters 1888 blieb. Ich hörte bei den Professoren BÜTSCHLI, GEGENBAUR, BUNSEN, PFITZER, QUINKE, KÜHNE, RUGE, EWALD und BLOCHMANN.

Im Wintersemester 1888—1889 begab ich mich nach Berlin, wo ich bei Prof. HERTWIG das embryologische Prakticum belegte, und kehrte dann wieder nach Heidelberg zurück, wo ich seitdem blieb und mich speciell mit Zoologie befasste.

Ich arbeitete bei Prof. BÜTSCHLI, PFITZER, KRAFFT und ANDREAE

Ich habe, seitdem ich im Sommer 1888 von der Medicin zur Zoologie übertrat, folgende schon veröffentlichte Arbeiten verfasst: Zur Kenntnis einiger Infusorien. Zeitschrift für wissenschaftliche Zoologie. Bd. XLIX. 1890, Über den Blastoporus der anuren Amphibien, sein Schicksal und seine Beziehungen zum bleibenden After. Zoologische Jahresbücher. Bd. IV. 1890, Der Geschlechtsapparat der Taenia echinococcus. Zeitschrift für wissenschaftliche Zoologie. Bd. L. 1890.

Allen meinen Lehrern spreche ich meinen Dank aus, ganz besonders meinem hochverehrten Lehrer Herrn Prof. BÜTSCHLI.

Druck von Breitkopf & Härtel in Leipzig.

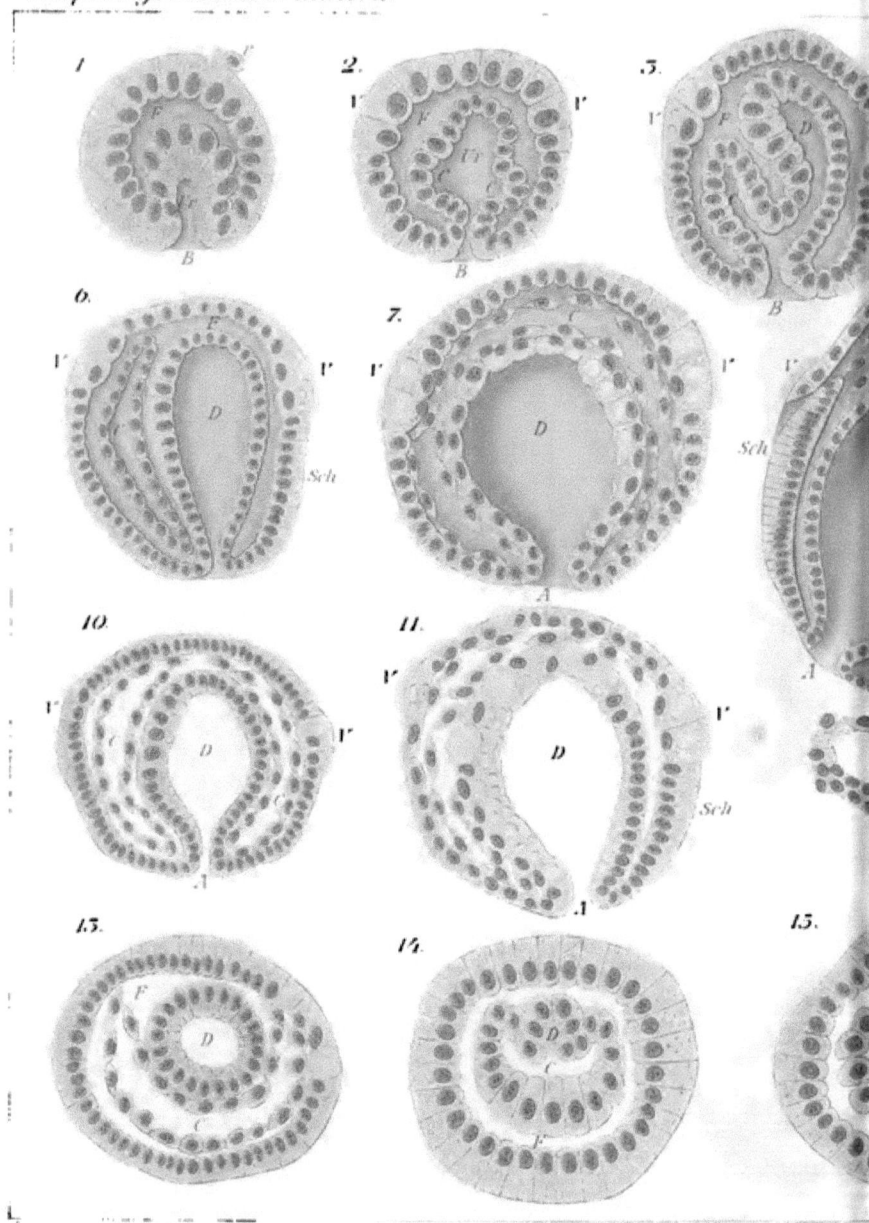

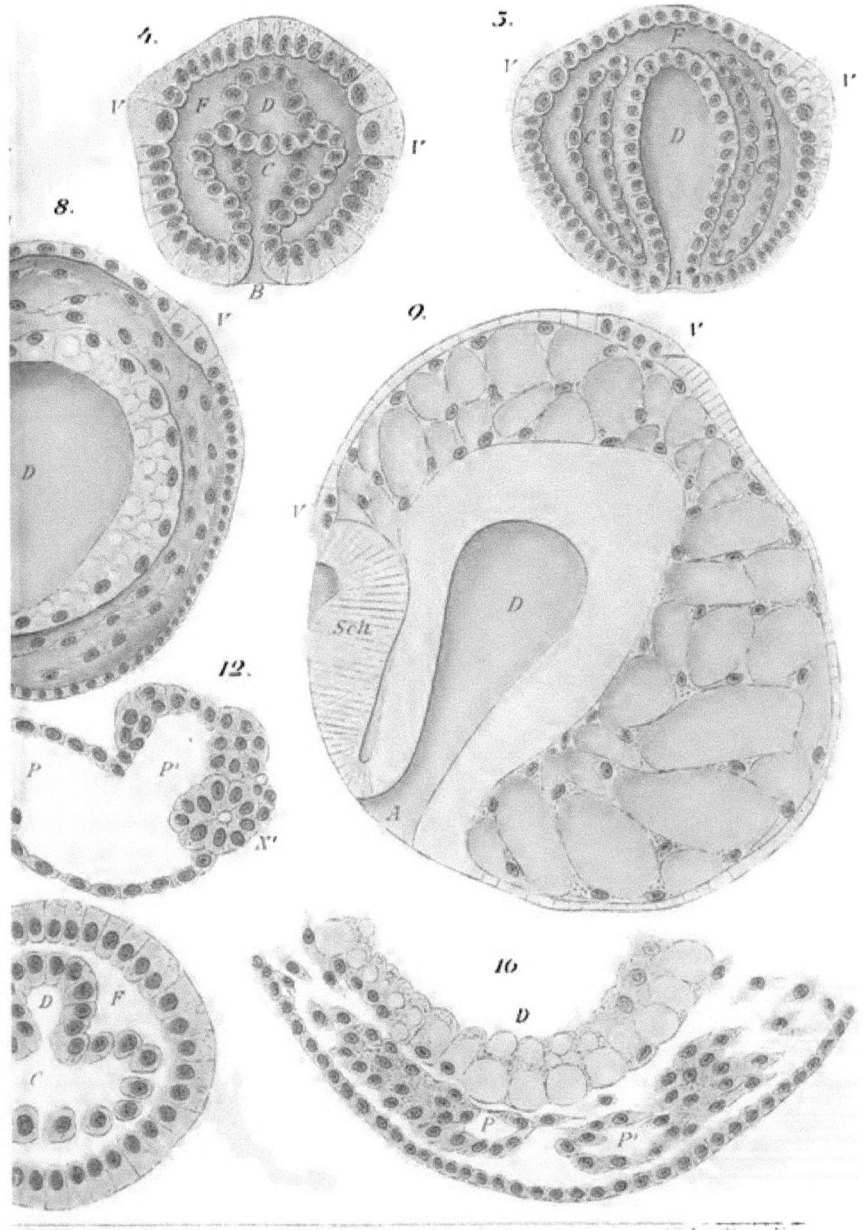

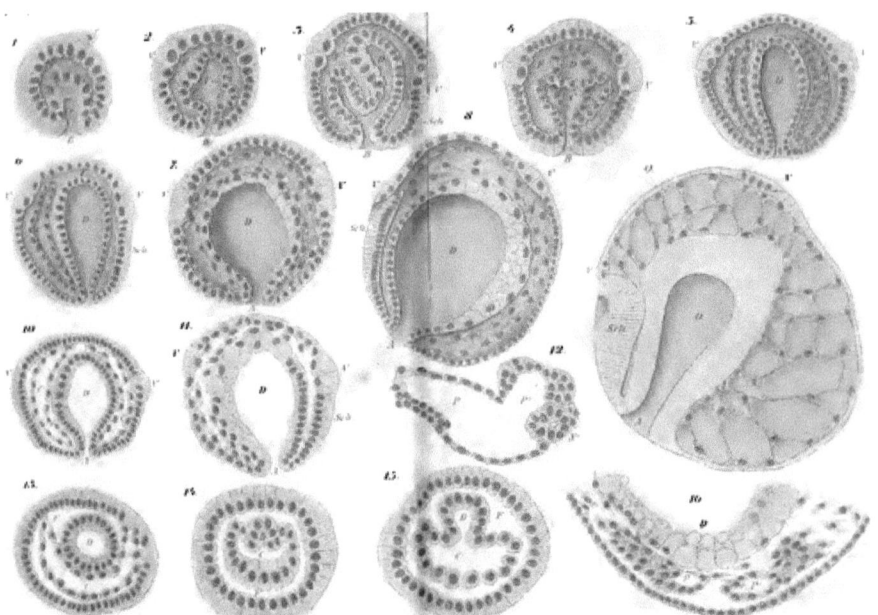

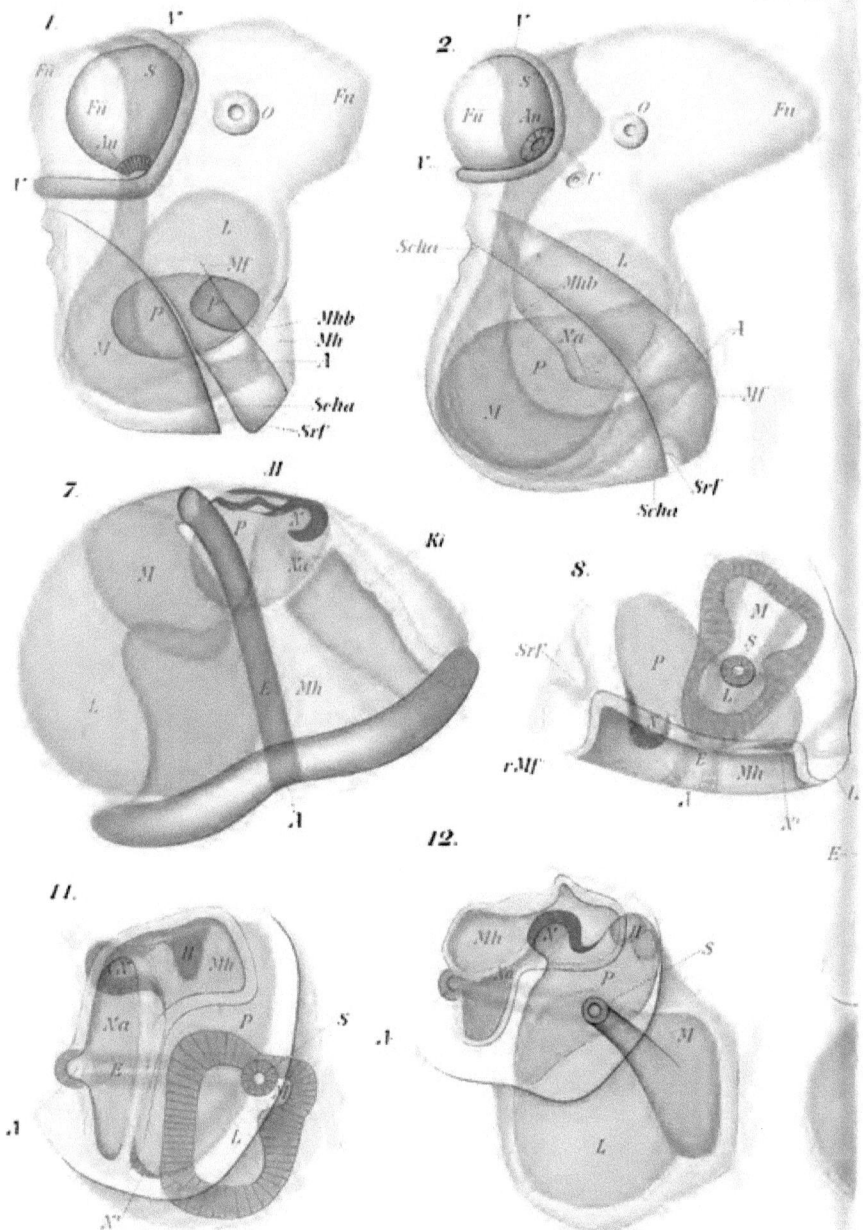

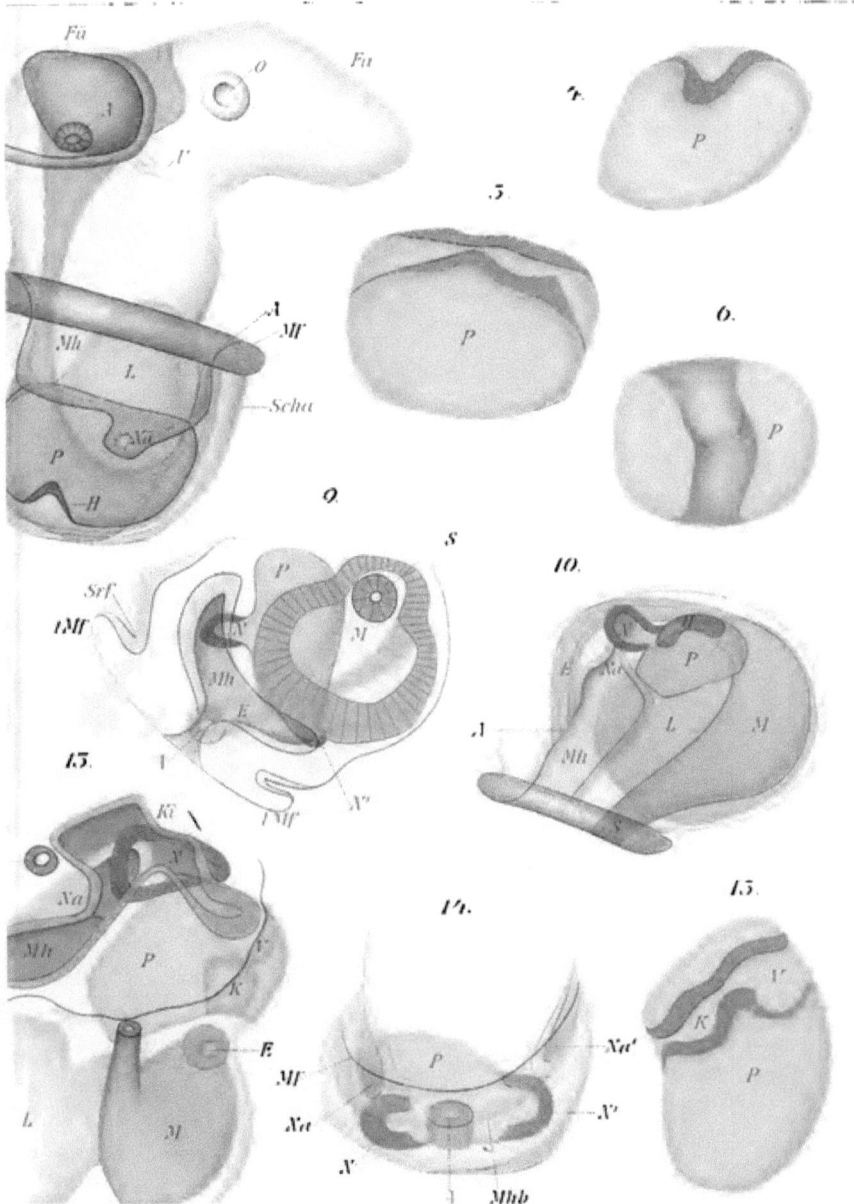

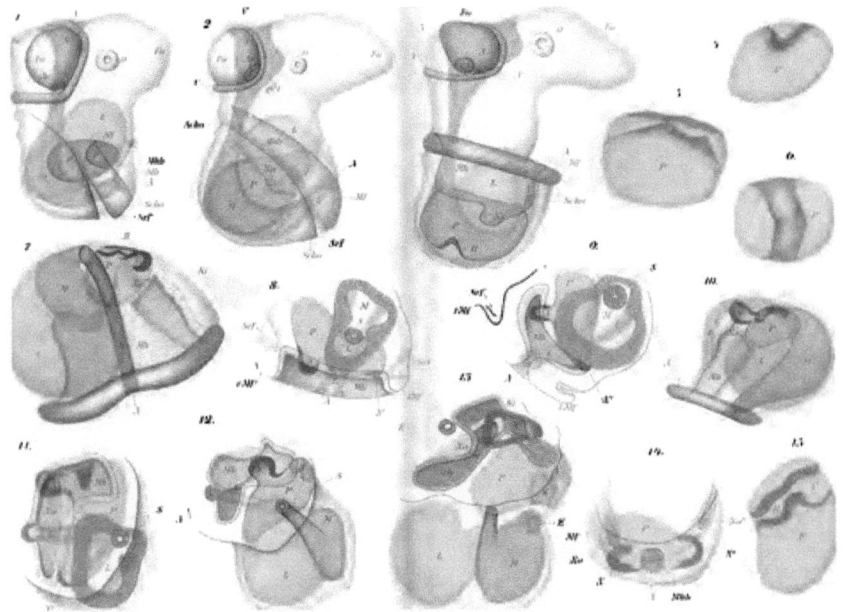

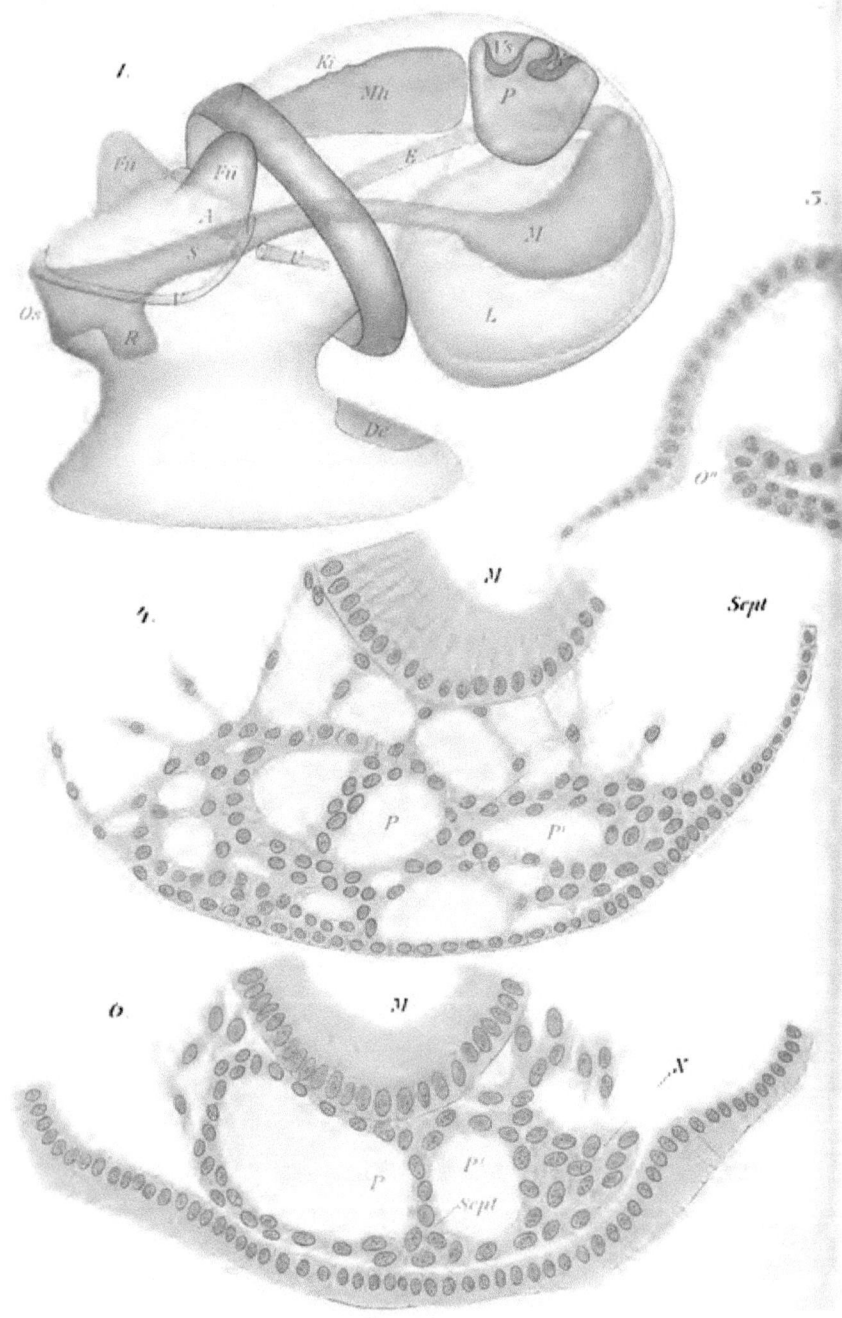

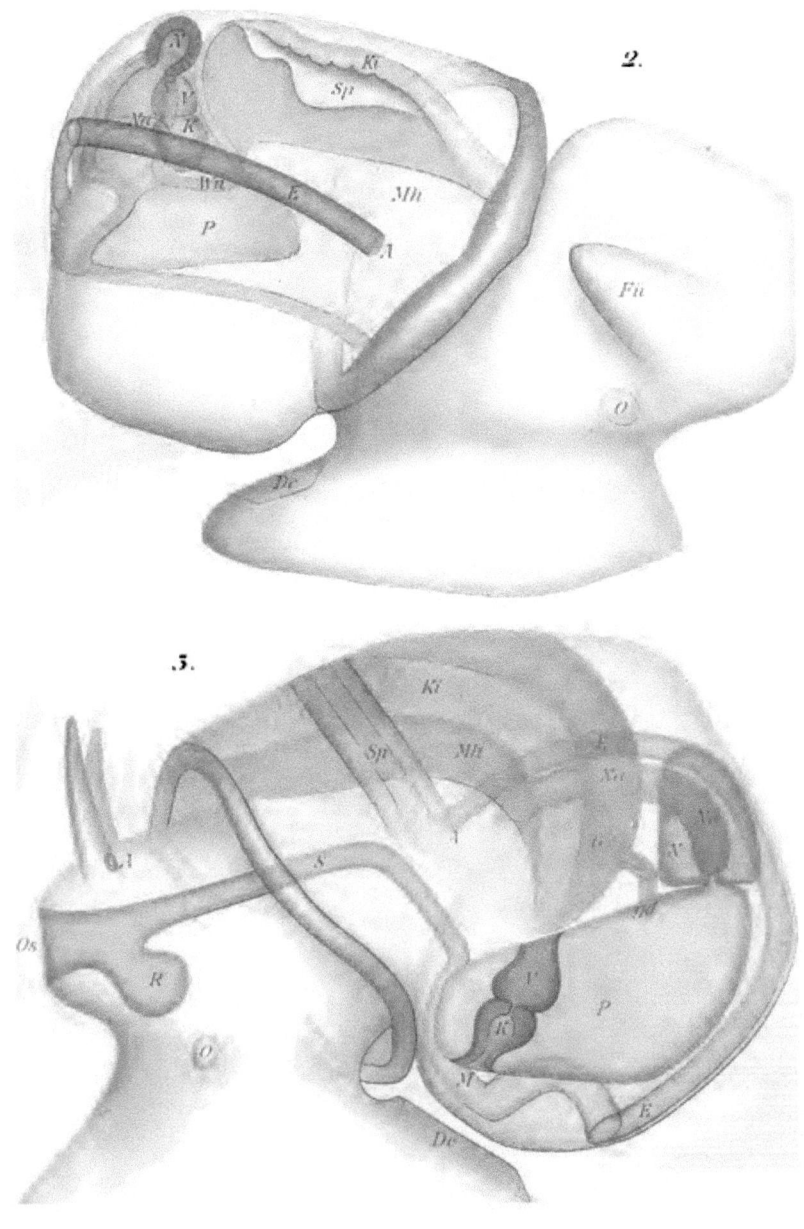

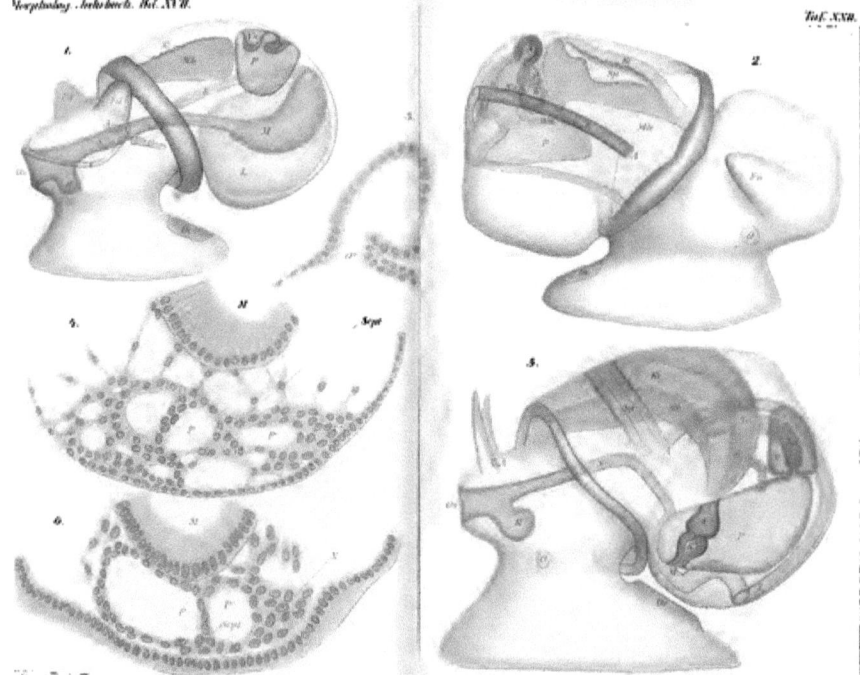

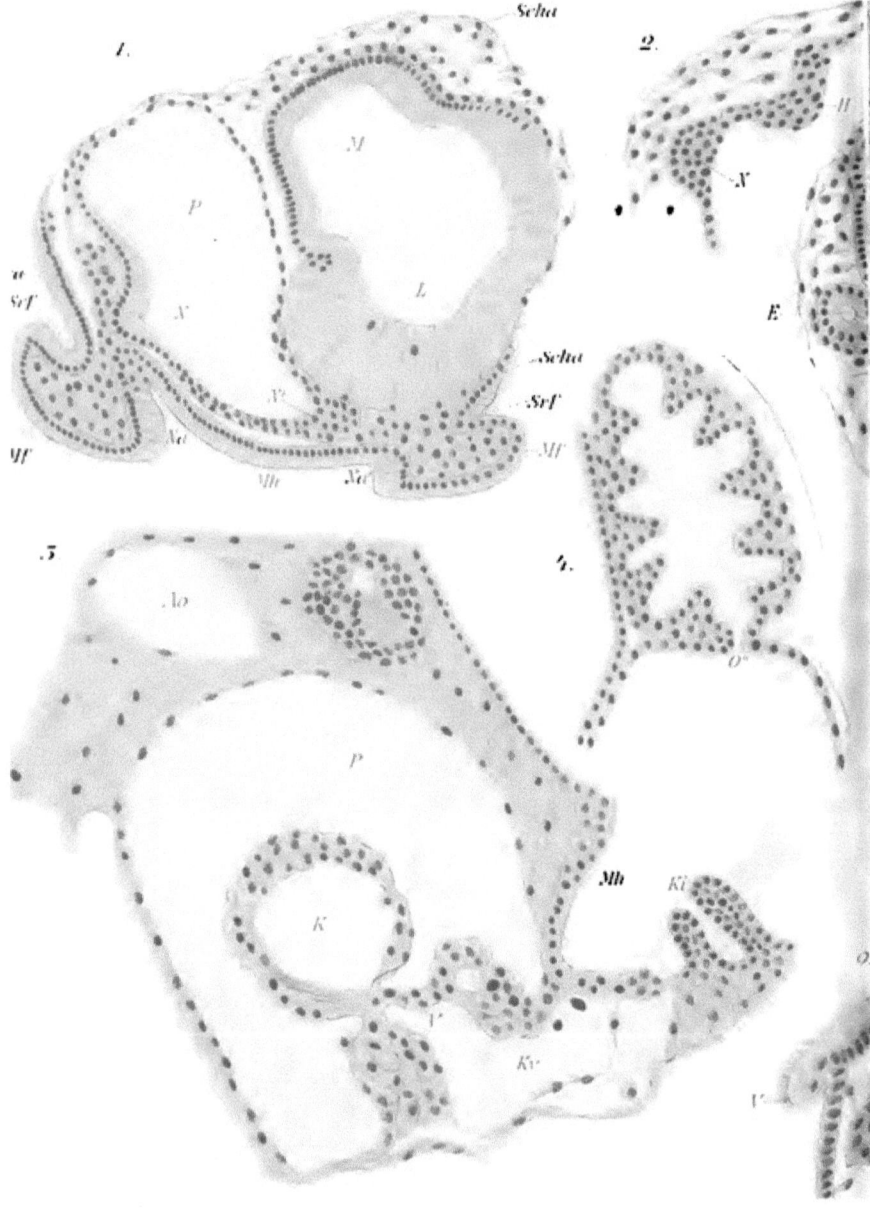

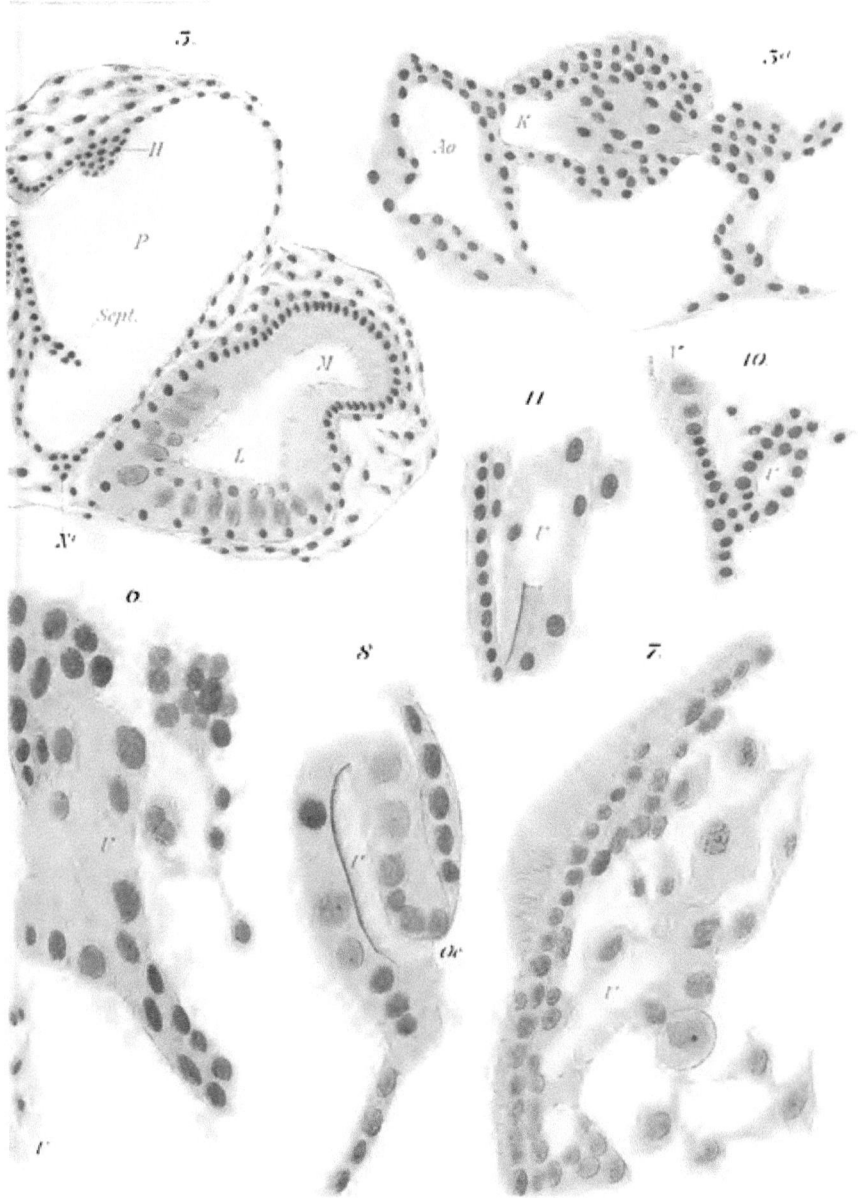

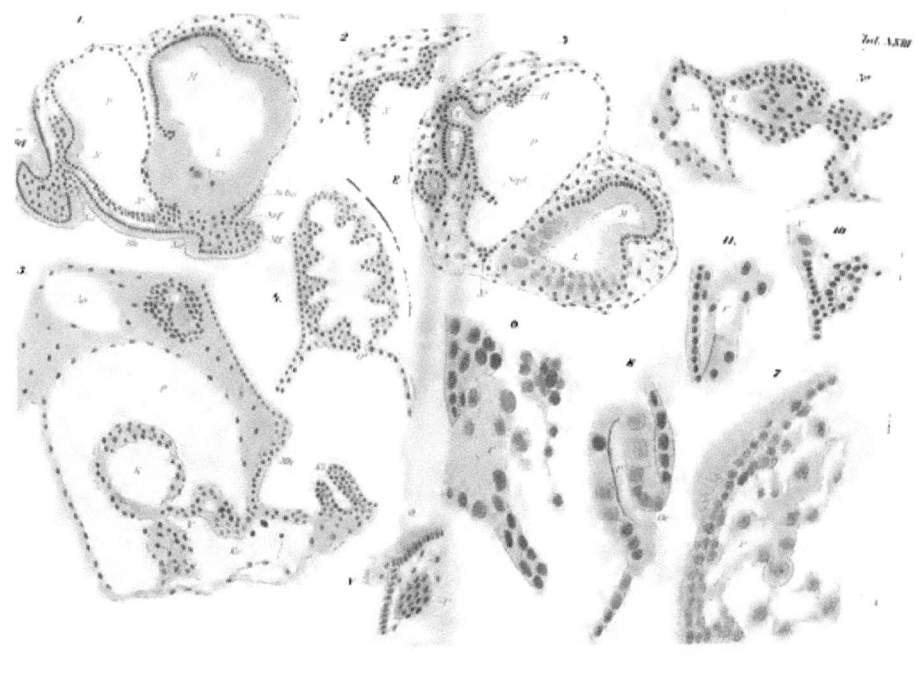

Taf. XXIII.

ZUR ENTWICKLUNG

VON

PALUDINA VIVIPARA.

HABILITATIONSSCHRIFT

ZUR

ERLANGUNG DER VENIA LEGENDI

AN DER

HOHEN NATURWISSENSCHAFTLICH - MATHEMATISCHEN
FAKULTÄT DER UNIVERSITÄT HEIDELBERG

VORGELEGT VON

DR. R. VON ERLANGER.

MIT 2 TAFELN UND 3 FIGUREN IM TEXT.

HEIDELBERG.
CARL WINTER'S UNIVERSITÄTSBUCHHANDLUNG.
1893.

ZUR ENTWICKLUNG

VON

PALUDINA VIVIPARA.

———

HABILITATIONSSCHRIFT

ZUR

ERLANGUNG DER VENIA LEGENDI

AN DER

HOHEN NATURWISSENSCHAFTLICH - MATHEMATISCHEN
FAKULTÄT DER UNIVERSITÄT HEIDELBERG

VORGELEGT VON

Dr. R. von ERLANGER.

———

MIT 2 TAFELN UND 3 FIGUREN IM TEXT.

HEIDELBERG.
CARL WINTER'S UNIVERSITÄTSBUCHHANDLUNG.
1893.

Sonderabdruck aus: Morphologisches Jahrbuch XVII. Band. Leipzig 1891.

Zur

Entwicklung von Paludina vivipara.

II. Teil[1].

Im ersten Teile dieser Arbeit habe ich bei der Besprechung
der Entwicklung des Herzbeutels und der Niere eine eingehende
Beschreibung der Vorgänge, welche sich in der allgemeinen Gestaltung
des Embryo abspielen, gegeben, so daß ich auf dieselben hier nicht
wieder zurückzukommen beabsichtige. Um das ungefähre Alter der
behandelten Stadien zu bezeichnen, beziehe ich mich auf die im
ersten Teile in toto abgebildeten Embryonen. Es soll jetzt die
Entwicklung des Nervensystems, des Cirkulationsapparates und der
Geschlechtsorgane behandelt werden.

A. Nervensystem.

Ehe ich die Entwicklung des Nervensystems bespreche, halte
ich es für notwendig, einen Überblick über die Beschaffenheit desselben beim erwachsenen Tiere zu geben und werde dabei die
Beschreibung Bouviers (54) zu Grunde legen. Dieser Beobachter,
welcher eine größere Anzahl von Prosobranchiaten aus den verschiedensten Abteilungen vergleichend anatomisch auf die Verhältnisse
des Nervensystems untersucht hat, giebt von Paludina eine viel ge-
nauere Abbildung als v. Ihering. Ich habe mich selbst, durch
Zergliederung ausgewachsener Tiere und Anfertigung von Schnitt-

---

[1] I. Teil s. Morph. Jahrb. Bd. XVII.

serien durch ältere Embryonen von der Richtigkeit der Bouvier'schen Darstellung überzeugt.

Bouviers Abbildung ist im Holzschnitt wiedergegeben, während

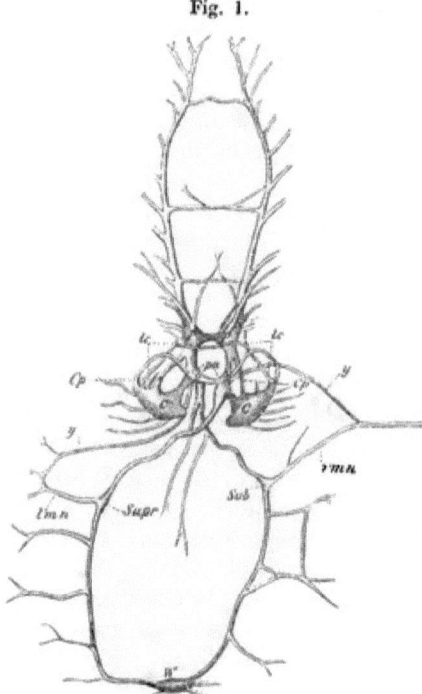

Fig. 1.

Fig. 9 auf Taf. I die Topographie eines ziemlich entwickelten Embryo veranschaulicht und eine gute Vorstellung von der Lagerung des Nervensystems in Bezug auf die übrigen Organe giebt.

Paludina besitzt zwei Cerebralganglien (c), welche über der Mundmasse und dem Anfang des Schlundes gelegen sind und durch die Cerebralkommissur verbunden werden. Letztere ist im Holzschnitt als durchschnitten dargestellt[1]. Von jedem Cerebralganglion führt je ein Konnektiv zu dem Pedalganglion (P) derselben Körperhälfte; da letztere untereinander durch eine kurze dicke Kommissur zusammenhängen, wird auf diese Weise ein geschlossener Nervenring um den Ösophagus gebildet.

Die Pedalganglien gehen ganz allmählich in die sehr dicken und ansehnlichen Pedalstränge über, welche eigentlich nur eine Fortsetzung der Ganglien sind und einen durchaus gangliösen Charakter haben. Sie durchsetzen die Fußsohle in ihrer ganzen Länge und sind durch drei Anastomosen miteinander verbunden. Sie sind in dem Holzschnitt nach vorn umgelegt und ziehen nach vorn, während sie sich in Wirklichkeit nach hinten erstrecken.

---

[1] Den Verbindungsstrang zwischen zwei gleichnamigen Ganglien nenne ich Kommissur, den zwischen zwei ungleichnamigen Konnektiv.

Auch die Cerebralganglien besitzen eine langgestreckte Gestalt und laufen in der Mittellinie in die ziemlich lange Cerebralkommissur aus, nach den Seiten ebenfalls ganz allmählich in je ein langes Konnektiv aus, welches das Cerebralganglion mit dem Buccalganglion (b) derselben Seite verbindet. Die, unter dem Schlund, zwischen demselben und der Radulatasche gelegenen Buccalganglien erscheinen beim erwachsenen Tiere als Anschwellungen der Buccalkommissur, welche sie untereinander verbindet.

Der Vorsprung der Cerebralganglien, der das Cerebrobuccalkonnektiv erzeugt und von BOUVIER Labialvorsprung (Saillie labiale) genannt wird, schickt noch eine Labialkommissur aus, welche eine neue Verbindung zwischen den Cerebralganglien bildet.

Während die Cerebropedalkonnektive verhältnismäßig lang und dünn waren, sind die Cerebropallialkonnektive kurz und dick; sie verbinden, wie der Name besagt, die Cerebralganglien mit den Pallialganglien (Pa) (auch Kommissural- oder Pleuralganglien genannt). Sie schicken je ein Konnektiv zu den Pedalganglien; das Palliopedalkonnektiv geht aber in das Cerebropedalkonnektiv auf, ehe es das entsprechende Pedalganglion erreicht hat. Man sieht daher jederseits außer dem Cerebropedalkonnektiv einen dicken Strang, welcher das Cerebral- und das Pedalganglion verbindet und in dem das Pallialganglion, etwa halbwegs zwischen dem Cerebral- und dem Pedalganglion, eingelagert ist.

Die Visceralkommissur hat in dem Pallialganglion ihren Ursprung. Der Visceralstrang, welcher vom rechten Pallialganglion ausgeht, wendet sich nach links und oben, zieht (Fig. 9 Tafel I) über den langen Ösophagus weg und zeigt etwa mittewegs zum Visceralganglion (W) eine kleine Anschwellung (Supr) (Holzschnitt), welche das Supraintestinalganglion vorstellt, von welchem ein starker Nerv zur linken Mantelhälfte abgeht (lmn). Von da zieht der rechte Strang weiter bis zum Visceralganglion (W), welches sich etwas dorsal vom Herzen an dem vordersten ventralen Ende der Scheidewand befindet, die den Herzbeutel (Pe) von der Mantelhöhle (Mh) trennt.

Im Gegensatz zum rechten Visceralstrang zieht der linke aus dem linken Pallialganglion entspringende nach rechts und ventralwärts unter dem Ösophagus zum Visceralganglion (Chiastoneurie). Ein eigentliches Subintestinalganglion ist bei Paludina nicht vorhanden, jedoch ist die Lagerung desselben durch einen starken Nerv (*rmn*), welcher zur rechten Mantelhälfte zieht (in *Sub*), angegeben. Die Folge wird zeigen, daß den beiden Intestinalganglien eine nicht unwichtige Rolle in der Entwicklung des Nervensystems zukommt.

Nach Bouvier verbinden sich die eben geschilderten rechten und linken Mantelnerven je mit einem Nerven, welcher aus dem Pallialganglion der entgegengesetzten Körperhälfte kommt (*y* und *y'*). Somit wäre das Nervensystem der ausgewachsenen Paludina in den Hauptzügen geschildert.

Das Ziel der vorliegenden Untersuchung ist nun, den Ursprung der eben besprochenen Ganglien, ihrer Kommissuren und Konnektive zu erläutern. Auf die feineren Verästelungen, der aus ihnen entspringenden Nerven und auf die Innervierung der Organe soll nur da, wo es unbedingt nötig ist, eingegangen werden.

Was zunächst den Ursprung des Nervensystems anbelangt, so habe ich schon in einer vorläufigen Mitteilung[2] betont, daß derselbe unzweifelhaft in dem äußeren Keimblatt zu suchen ist.

Die Bildungsweise sämtlicher Ganglien, aus denen die zugehörigen Kommissuren und Konnektive hervorgewachsen, ist genau dieselbe. Überall läßt sich als Anlage des Ganglions eine Verdickung des Ektoderms, welches an der Bildungsstelle des Ganglions mehrschichtig geworden ist, konstatieren. Bald darauf lösen sich einzelne Zellen aus dem Verbande los (Fig. 10 Taf. I, Anlage des linken Pedalganglions) und reichen in das Innere hinein, das heißt in den Raum, welcher sich zwischen dem Ektoderm und dem Entoderm befindet, und von den verästelten Zellen des Mesoderms durchsetzt wird. Auf die morphologische Bedeutung dieses Raumes soll in dem Abschnitt, welcher der Entwicklung des Gefäßsystems gewidmet ist, noch einmal zurückgekommen werden.

Da bekanntlich infolge der Beobachtungen Bobretzkys (11) immer noch von einzelnen ein mesodermaler Ursprung des Nervensystems behauptet wird, so bin ich bestrebt gewesen, einen strikten Beweis für die Unrichtigkeit dieser Ansicht zu bringen. Obgleich im allgemeinen Kernteilungen bei der Kleinheit der Zellen einiger maßen entwickelterer Stadien von Paludina nicht ganz leicht aufzufinden sind, ist es mir gelungen, solche in den ektodermalen Verdickungen der Ganglienanlagen zu beobachten, sowie auch in

---

[1] v. Erlanger, Zur Entwicklung von Paludina vivipara. Zoologischer Anzeiger. Nr. 357. 1891.

den sich davon ablösenden Zellen und zwar ließ sich wiederholt feststellen, daß die Spindelachse senkrecht zur Oberfläche des äußeren Keimblattes gerichtet war, wie Fig. 10 Taf. I zur Genüge zeigt.

Ich glaube übrigens, daß das Vorhandensein einer, der Entstehung jedes Ganglions vorhergehenden Verdickung des Ektoderms, die unmittelbare Anlagerung des sich ablösenden Ganglions an dasselbe (Fig. 2—5 und 7—8 Taf. I) und die darauf folgende Dickenabnahme des äußeren Keimblattes, welches zum Schluß wieder einschichtig wird, vollkommen genügen würden, um den ektodermalen Ursprung des Nervensystems sicher zu begründen.

Wenn bei manchen Gasteropoden ein gewisser Unterschied in der Bildung der Cerebralganglien einerseits und der Pedalganglien andererseits beobachtet wird, so verdient bei Paludina ganz besonders hervorgehoben zu werden, daß sämtliche Ganglien in übereinstimmender Weise durch eine Art von Delamination entstehen.

Die erste Spur des Nervensystems zeigt sich schon auf verhältnismäßig sehr jungen Stadien, welche noch vollkommen symmetrisch gebaut sind, und zwar tritt sie als eine beiderseitige Verdickung der Seiten des Velarfeldes auf, an den beiden Stellen, wo sich später die Tentakeln bilden. Es sind die Anlagen der Cerebralganglien.

Fig. 2 Taf. I ist ein etwas schräger Querschnitt durch den vorderen Teil eines sehr jungen Embryo. Der Schnitt ist durch das Velarfeld und den noch sehr wenig entwickelten Fuß geführt.

Das Velum (V) ist oben und in der Mittellinie längs, rechts und links quer getroffen und zeigt deutliche Cilien. Über den beiden Querschnitten des Velums, welche als je eine große bewimperte Zelle (vv) erscheinen, bemerkt man jederseits eine mächtige Hervorwölbung des Ektoderms, welches hier eine größere Zahl von Zelllagen zeigt und sich sehr deutlich durch seine gedrängten Kernmassen von den spärlichen Zellen des Mesoderms abhebt.

In der Anlage der Cerebralganglien bemerkt man schon in der Mitte der Verdickung eine kleine Lücke, welche andeutet, daß ein Teil der Ektodermzellen im Begriff ist, sich von dem Mutterboden abzulösen, um das Ganglion zu bilden. Eine genaue Durchmusterung der Schnittserie zeigte, daß die Anlagen der beiden Cerebralganglien vollkommen getrennt sind, so daß man hier keineswegs berechtigt ist von einer Scheitelplatte zu sprechen.

Fig. 3 (derselben Tafel) stellt einen Querschnitt durch einen etwas älteren Embryo vor. Man sieht, daß das linke Cerebralganglion sich jetzt vollständig vom äußeren Keimblatt abgelöst hat und eine kompakte längliche Masse (c) bildet. Man könnte, auf Grundlage der abgebildeten Figur, den Einwand gegen die weiter oben mitgeteilte allgemeine Schilderung der Ganglienbildung erheben, daß das Ektoderm nach Ablösung des Ganglions noch immer eine ansehnliche Verdickung zeigt. Die Entwicklung der Cerebralganglien steht thatsächlich hierin in einem scheinbaren Widerspruch mit derjenigen der übrigen Ganglien, was aber daher rührt, daß die verdickten Hervorwölbungen, welche sich über den abgelösten Cerebralganglien befinden und an Höhe stark zugenommen haben (wie ein Vergleich mit Fig. 2 und 3 ergiebt), die Anlagen der Tentakeln sind.

Fig. 3 zeigt auch die Anlage des linken Pedalganglions (p). Dasselbe ist vor der dazu gehörigen Otolithenblase gelagert, entsteht aber zeitlich nach dem Gehörorgan (das in Fig. 2 abgebildete Stadium zeigt noch keine Spur von Pedalganglien) und ist im Begriff, sich vom äußeren Keimblatt zu trennen. Auch hier ist der Gegensatz zwischen der kompakten Anhäufung der Ektodermzellen des Ganglions und den Mesodermzellen scharf markiert. Sobald die Ablösung des Pedalganglions erfolgt ist, wird das Ektoderm der betreffenden Stelle der Wand des Fußes wieder einschichtig und bleibt noch einige Zeit durch seine geringere Affinität zu Farbstoffen kenntlich, was wohl auf einen Verlust von Chromatin infolge stark wiederholter Kernteilungen zurückzuführen sein wird.

Ein wenig älteres Stadium zeigt bereits die Bildung zweier weiteren Ganglienpaare. In Fig. 4, welche einem Querschnitt durch das Vorderende entnommen ist (der Radulasack Rd ist getroffen), bemerkt man rechts, gleich unterhalb des quer durchschnittenen Velums (v), eine nach innen und oben einwachsende Verdickung des äußeren Keimblattes, welche schon auf früheren Stadien (Fig. 2 und 3) angedeutet war, es ist dies die Anlage des rechten Pallialganglions (Pa). Dieses Ganglienpaar entsteht ebenfalls, wie alle anderen Ganglienpaare, so, daß sich die beiden Ganglien zuerst vollkommen voneinander isoliert bilden und nachträglich untereinander verbunden werden.

Embryonen desselben Alters wie das eben besprochene Stadium zeigen die Anlage der Buccalganglien. Es geht aus Fig. 2 und 3 hervor, daß der Ösophagus, welcher bekanntlich durch eine Einstülpung des äußeren Keimblattes entsteht, von einer Schicht von Ektodermzellen umgeben ist, welche nicht den Charakter eines Cylinderepithels wie diejenigen des eigentlichen Schlundrohres angenommen haben. Dieselben befinden sich in reger Teilung und bilden (Fig. 3) zwei mächtige Verdickungen jederseits der Radulatasche (*Rd*), welche in Fig. 3 flach getroffen worden ist. In Fig. 4 und 7, welche ebenfalls Querschnitte sind, haben sich die Verdickungen des Ektoderms, welche den Ösophagus umhüllen, zu den Buccalganglien (*f*) zusammengeballt.

Während die bis jetzt besprochenen Nervencentren alle dem vorderen Ende des Körpers zugehören, bilden sich die Intestinalganglien viel weiter hinten, in der Gegend des vorderen Mantelrandes, wie Fig. 5 zeigt, die einen Querschnitt durch die verdünnte Stelle darstellt, welcher zwischen Kopf und Fuß und vor dem beschalten Hinterende liegt und vielleicht am passendsten als die Taille des Embryo bezeichnet werden dürfte.

An der Stelle, wo jederseits die sehr dünne Ektodermschicht der Bauchfläche in die Verdickung des Mantelrandes übergeht, bemerkt man je eine sich ablösende Verdickung des Ektoderms (*supr* und *sub*), welche hier noch deutlich mit dem äußeren Keimblatt zusammenhängen, aus welchem sie, wie die Betrachtung etwas jüngerer Stadien lehrt, hervorgehen. Weiter möchte ich hervorheben, daß die Lagerung der beiden Anlagen zuerst eine ganz symmetrische zu beiden Seiten des Darmes und etwas ventralwärts von demselben ist. Auf dem abgebildeten Stadium aber ist die Gestalt des Embryo nicht mehr eine symmetrische, da, wie ich schon in dem ersten Teil dieser Arbeit hervorgehoben habe, die Asymmetrie sich schon sehr früh geltend macht. Dem entsprechend springt hier der rechte Mantelwulst stärker hervor als der linke und liegt die Anlage des Supraintestinalganglions schon eine Kleinigkeit weiter dorsalwärts als diejenige des Subintestinalganglions. Mit der zunehmenden Asymmetrie und Torsion des Embryo ändern auch die beiden Intestinalganglien ihre Lagerung. Fig. 11 (Taf. I), welche einer Querschnittserie durch einen Embryo des Stadiums (0,7 mm Länge) entnommen ist, zeigt, daß das rechte Ganglion (*supr*) über den Ösophagus (*Oes*), das linke (*sub*) unter denselben gerückt ist, so daß jetzt die definitive Lagerung der Visceralkommissur verwirklicht ist.

Es erübrigt noch, den Ursprung des Visceralganglions zu beschreiben. Wie schon erwähnt wurde, befindet sich dasselbe (*W*)

am hinteren Ende des Bodens der Mantelhöhle, vor und dorsal vom
Herzen, an dem ventralen Ende der Scheidewand, welche den Herzbeutel (*Pe*) von der Mantelhöhle (*Mh*) trennt (Fig. 9 Taf. I).
Dem entsprechend ist die Bildungsstätte dieses Ganglions zwischen
Herzbeutel und Mantelhöhle zu suchen, wo sie auch nicht schwer
zu finden ist. Das Stadium, bei welchem es zuerst auftritt, ist
schon stark asymmetrisch und entspricht ungefähr einer Länge
von 0,9 mm.

Fig. 8 Taf. I zeigt einen Querschnitt durch das beschalte
Hinterende eines solchen Embryo, zwischen der Mantelhöhle (*Mh*)
einerseits und Magen und Leber andererseits bemerkt man den
durchschnittenen Herzbeutel (*Pe*), welcher hier an seinem vorderen
Ende, und zwar an einer Stelle, wo derselbe noch einen sehr ge-
ringen Durchmesser zeigt, getroffen ist. Zwischen Mantelhöhle und
Herzbeutel ist das Visceralganglion zu sehen, und dasselbe ist gerade
im Begriff, sich vom Epithel der Mantelhöhle abzulösen. Die Anlage des Visceralganglions befindet sich deutlich ventralwärts vom
Ösophagus, wie die Durchsicht der Serie lehrt. Somit wäre der
ektodermale Ursprung sämtlicher Ganglien festgestellt.

Im Gegensatz zu den Resultaten anderer Arbeiten über Gasteropodenentwicklung verdient hervorgehoben zu werden, daß sämtliche Ganglien ganz isoliert und, wenn es sich um paarige Ganglien
handelt, ebenfalls ganz getrennt von ihrem Genossen entstehen. Zeitlich bilden sich zuerst die Cerebralganglien, darauf die Pedalganglien,
unmittelbar darauf und nahezu gleichzeitig miteinander die Pallial-
und Buccalganglien, dann folgen die beiden Intestinalganglien, und
die Reihe schließt mit dem Visceralganglion.

Daraus läßt sich entnehmen, daß die Bildung des Nervensystems progressiv von vorn nach hinten erfolgt. Ganz ähnlich verhält es sich mit der Bildung der Kommissuren und Konnektive.
Die Cerebralganglien treten zuerst miteinander in Zusammenhang,
und dann mit den Pallial-, den Pedal- und den Buccalganglien,
darauf verbinden sich diese Ganglien untereinander in der angeführten Reihenfolge, doch ist zu bemerken, daß keine Kommissur
zwischen den Pallialganglien besteht.

Es läßt sich bei Paludina schwer entscheiden, ob die Pallialganglien in näherem Verhältnisse zu den Cerebralganglien oder zu
den Pedalganglien stehen, was in vergleichend-anatomischer Hinsicht
von Wichtigkeit ist, da bei niederen Vorkiemern die Pallialganglien
noch in innigem Zusammenhang mit den Pedalganglien stehen, darauf

in der ansteigenden Reihe in immer engere Beziehungen zu den Cerebralganglien treten. Bei Paludina liegen sie von Anfang an halbwegs zwischen den Cerebral- und den Pedalganglien.

Von allen Verbindungen der Cerebralganglien mit den anderen nervösen Centren tritt die direkte Verbindung derselben mit den Pedalganglien durch die Cerebropedalstränge (Holzschnitt und Fig. 9 auf Taf. I) am spätesten auf. Dem entsprechend ist sie viel schmächtiger als diejenige, welche auf dem Wege der Pallialganglien erfolgt und zuerst auftritt.

Die Intestinalganglien sind, wie erwähnt wurde, beim erwachsenen Tiere sehr schwach ausgebildet, das Subintestinalganglion existiert sogar nach BOUVIERS Ansicht als solches gar nicht. Das Nervensystem der Paludina besitzt aber sehr primitive Merkmale, insofern als die Ganglien sehr diffus sind, und es ist daher schwer zu sagen, wo ein Ganglion anfängt und wo es aufhört, da die Kommissuren und Konnektive auf weite Strecken hin von einem Ganglienzellenbelag überkleidet sind. Die langen Pedalstränge z. B. sind durchweg ganglöser Natur. Ebenso sind das Supraintestinalganglion und das Subintestinalganglion, welches durch den Abgang des rechten Mantelnerves angedeutet ist, nichts anderes als Anschwellungen des Ganglienbelags der Visceralkonnektive. In der Entwicklungsgeschichte kommt ihnen aber die Bedeutung zu, daß sie die Anlagestätte des mittleren Teiles der Visceralkommissur sind. Auf dem in Fig. 5 (Taf. I) beschriebenen Stadium stehen nämlich die beiden Intestinalganglien in keinem Zusammenhang mit den Pallialganglien, wie man sich am besten aus dünnen Querschnitten überzeugen kann, ebensowenig mit dem Visceralganglion, welches auf diesem Stadium noch gar nicht vorhanden ist. Es wachsen nun Nervenfasern von den Pallialganglien nach den Intestinalganglien zu, andererseits andere von den Intestinalganglien zu den Pallialganglien, so daß bald ein Zusammenhang zwischen dem rechten Pallialganglion und dem Supraintestinalganglion und dem linken Pallialganglion und dem Infraintestinalganglion hergestellt wird. Auf ähnliche Weise, aber erst später, kommt eine Verbindung zwischen den Intestinalganglien und dem Visceralganglion zu stande. Auf dem in Fig. 9 (Taf. I) in toto dargestellten Stadium existiert dieser Zusammenhang noch nicht vollständig, wie Querschnittserien mit aller Schärfe beweisen, jedoch ist der Zusammenhang zwischen den Pallial- und Intestinalganglien schon deutlich zu konstatieren.

Ich bin hier absichtlich nicht auf die Frage, wie die Nerven sich bilden, eingegangen. Wie bekannt, könnte dies auf zwei verschiedene Weisen stattfinden: entweder sind die Nerven Auswüchse der Ganglienzellen oder sie bilden sich auf Kosten von Bindegewebszellen, welche sich auf der Bahn des auswachsenden Nerven befinden. Paludina bietet wegen der Kleinheit der Ganglienzellen kein günstiges Material für die Lösung dieses schwierigen Problems, welches übrigens nicht in den Rahmen dieser Arbeit paßt. Ich neige jedoch auf Grund meiner Beobachtungen an Paludina dazu, der ersten Hypothese den Vorzug zu geben.

Die Ganglien von Paludina zeigen den für die Wirbellosen im allgemeinen charakteristischen Bau in ganz typischer Weise. Ein Kern von Nervenfasern und Stützgewebe wird von einem Belag von Ganglienzellen umgeben.

B. Sinnesorgane.

Man findet bei Paludina vier lokalisierte Sinnesorgane, von welchen drei paarig sind, nämlich die Tentakeln, die Augen und die Otocysten, das vierte unpaar ist, nämlich das SPENGEL'sche Organ (Geruchsorgan?).

Auf die Bildung der Tentakeln braucht nicht näher eingegangen zu werden, da ihre Entstehung als seitliche Höcker des Velarfeldes schon erwähnt worden ist.

Das Gehörorgan, welches, wie bei allen Mollusken, die Gestalt eines Bläschens mit eingelagerten Otolithen besitzt, zeigt sich zeitlich zuerst. Es bildet sich durch eine grubenförmige Einstülpung des Ektoderms, welche sich allmählich zu einer Blase abschnürt.

Fig. 1 (Taf. I) zeigt links in Ot die Anlage des Gehörorgans, welches zwischen Kopf und Rumpf und der dorsalen Grenze des Fußes liegt. Auf dem hier abgebildeten Stadium ist der Embryo noch vollkommen symmetrisch gebaut, die Schalendrüse ist schon gebildet und der Fuß ist im Entstehen, d. h. zeigt sich jederseits als eine Verdickung des Ektoderms der Ventralseite, welche das Material für seine Bildung abgiebt.

In Fig. 2 derselben Tafel ist das Gehörorgan viel weiter entwickelt. · Es fängt bereits an sich abzuschnüren und liegt schon bei dem Stadium, welchem Figur 3 entnommen ist, vollkommen frei unter dem Ektoderm, es zeigt sich von nun an als eine Blase, deren Wandlungen aus hohen cylindrischen Epithelzellen bestehen. Die

Zellen der Blase sind eine Zeit lang ventralwärts am höchsten, dorsalwärts am niedrigsten, bis im Laufe der Entwicklung dieser Unterschied wieder ausgeglichen wird. Was die Bildung und das Aussehen der Otolithen anbelangt, so verweise ich auf die LEYDIG-sche Arbeit (1), da ich an dem konservierten Material, dessen ich mich vorzugsweise bediente, dieselben nur an reifen Embryonen fand, da allerdings in der Mehrzaehl (3—4).

Das Auge legt sich später an als das Gehörorgan. Es zeigt sich erst auf einem Stadium, bei welchem die Tentakelanlagen schon deutliche Hervorwölbungen des Velarfeldes bilden (0,64 mm), zwischen der Basis des Fühlers und dem Velum selbst als eine grubenförmige Einsenkung des Ektoderms. Figur 12 auf Taf. I stellt den Augenbecher vor, welcher auf einem Querschnitt unter der Tentakelanlage *F* und über dem quer durchschnittenen Velum *v* zu sehen ist.

Da die erste Anlage der Cerebralganglien zu derselben Zeit vorhanden ist, wo sich die Otolithenblasen anlegen und die Augen erst später entstehen, so trifft die Behauptung, welche öfters für die Mollusken aufgestellt wurde, daß nämlich die Sinnesorgane sich zeitlich vor den Ganglien, welche sie innervieren, bilden, wenigstens für Paludina nicht zu. Diese Behauptung war auf die irrtümliche Ansicht gegründet, daß die Otolithenblase von dem dazu gehörigen Pedalganglion innerviert würde. Es ist aber bekanntlich von LACAZE-DUTHIERS nachgewiesen worden, daß das Gehörorgan der Gasteropoden nicht von den Pedalganglien, wie früher allgemein angenommen wurde, sondern von den Cerebralganglien innerviert wird. Der Gehörnerv von Paludina entspringt nach BOUVIER (44) von dem Cerebralganglion, zieht zwischen den beiden Konnektiven, welche von diesen zum Pedalganglion verlaufen, abwärts an ihrer äußeren Fläche entlang, um sodann, sich nach außen wendend, an die Otocyste heranzutreten.

Wir hatten das Auge auf dem Stadium der Einstülpung verlassen. Der Augenbecher schnürt sich gerade wie das Gehörorgan zu einer Blase ab, welche schließlich ganz frei unter dem Ektoderm zu liegen kommt (Fig. 13 Taf. I *au*). Das Auge befindet sich bei älteren Embryonen wie beim erwachsenen Tier auf einem Höcker, welcher an der Basis des Tentakels liegt (Fig 9 Taf. I), und nimmt bald eine ellipsoidische Gestalt an. Die Hauptachse dieser Ellipse ist dorsoventral gerichtet. Es lagert sich Pigment in der der Außenfläche abgewendeten Hälfte der Augenblase ab.

Bei der Kleinheit der Retina-Elemente ist es mir nicht gelungen, etwas über die Entwicklung derselben zu ermitteln, dagegen glaube ich einiges über die Entstehung des Glaskörpers und der Linse berichten zu können.

Die Linse tritt zuerst auf Stadien auf, welche um weniges jünger als der in Figur 9 (Taf. I) abgebildete Embryo sind.

Fig. 6 (Taf. I) zeigt einen Querschnitt durch das Auge eines derartigen Embryo, auf welchem die Linse (*l*) im Verhältnis zur Augenblase noch sehr klein ist. Das Pigment dringt in die Retina ein. Die Linse ist in der homogenen Masse eingelagert, welche auch ein starkes Brechungsvermögen besitzt und von feinen Fortsätzen durchzogen wird, welche von den Retinazellen zur Linse ziehen. Ich halte 'es auf Grundlage dieser Befunde für sehr wahrscheinlich, daß Glaskörper und Linse von den Zellen der Augenblase abgeschieden werden, da beide ein homogenes Aussehen besitzen und nichts von geformten Elementen enthalten. Später zeigt die Linse eine konzentrische Streifung, auf welche HILGER[1] zuerst aufmerksam machte.

Das zuerst von SPENGEL bei den Prosobranchiern eingehender beschriebene Organ, welches derselbe als Geruchsorgan deutet, will ich einfach als SPENGEL'sches Organ bezeichnen, da bis jetzt kein genügender Grund vorhanden ist, um in dasselbe den Sitz des Geruchssinnes zu verlegen. F. BERNHARD hat dieses Organ bei einer größeren Anzahl verschiedener Prosobranchier vergleichend-anatomisch und histologisch untersucht (51) und den Bau desselben bei der Paludina, welche besonders merkwürdige Verhältnisse bietet, beschrieben.

Trennt man den Mantel einer Paludina längs seiner Insertion an der linken Körperseite ab und schlägt ihn nach rechts um, so zeigt sich das SPENGEL'sche Organ (von einigen Autoren Nebenkieme, von RAY-LANKESTER Osphradium genannt) auf der rechten Seite der Kieme. Beim unversehrten Tier oder auf Schnitten liegt es natürlich links von der Kieme. Alle anderen Organe, welche in der Mantelhöhle sich befinden, wie Rectum, Harnleiter, Uterus sind auf der rechten Seite gelagert, so daß das SPENGEL'sche Organ in Gestalt eines länglichen Wulstes sofort in die Augen fällt.

Bei allen übrigen Prosobranchiaten, soweit bis jetzt bekannt

---

[1] C. HILGER, Beiträge zur Kenntnis des Gastropodenauges. Morph. Jahrb. X.

ist, besteht dasselbe einfach aus einem Wulst, bei Paludina aber sind auf dessen rechter Seite von demselben überdeckt eine Reihe von Gruben, welche von einem besonders hohen Cylinderepithel ausgekleidet werden. Die Zahl dieser Gruben, welche eine variable ist und mit dem Alter zuzunehmen scheint, kann bis zu 20 betragen.

Die Pulmonaten besitzen keine dem Wulst des SPENGEL'schen Organs der Prosobranchier entsprechende Bildung; aber LACAZE-DUTHIERS[1] hat bei den Süßwasserpulmonaten in der Nähe des Atemloches, über und hinter demselben, ein kleines Ganglion entdeckt, welches sich am Ende des hinteren Mantelnerven (Nerf palléal postérieur) befindet. Über dem Ganglion fand er weiter eine grubenförmige Einsenkung des Mantels, welche bei den links gewundenen Pulmonaten einfach bleibt, sich aber bei den rechts gewundenen in zwei spaltet. BERNHARD betrachtet nun dieses Gebilde als ein Homologon des SPENGEL'schen Organs und findet bei Paludina beide Formen nebeneinander: einerseits den Wulst, welcher allen Prosobranchiern zukommt, andererseits die Gruben, welche in vermehrter Anzahl der einheitlichen oder doppelten Einstülpung des Pulmonatenmantels entsprechen. Er untersuchte hierauf einen etwa 2 mm langen Paludina-Embryo und fand bei demselben nur neun Gruben. Er schloß daraus, daß bei jüngeren Embryonen wohl ein Stadium zu finden sein müsse, wo nur eine oder ganz wenige Einstülpungen vorhanden seien.

Diese Vermutung wird nun thatsächlich von der Entwicklungsgeschichte bestätigt.

Das SPENGEL'sche Organ tritt zuerst etwa auf einem Stadium von etwa 1 mm Länge als ein parallel zur Längsachse gerichteter wulstförmiger Vorsprung der Mantelhöhle auf, welcher sich ein klein wenig links von der dorsalen Mittellinie befindet und daher bei seitlicher Ansicht des Embryo nicht leicht zu bemerken ist. Der Wulst zieht parallel zum Kiemenwulst und fängt etwa in der Gegend des distalen Endes desselben an. Figur 14 (Taf. I) stellt einen Querschnitt durch ein derartiges Stadium vor, auf welchem das SPENGEL'sche Organ infolge seiner eben erwähnten Lagerung quer durchschnitten ist. Es ist in *Sp* zu sehen und besteht aus einem hohen Cylinderepithel mit sehr dicht gedrängten Kernen, und liegt zwischen dem Kiemenwulst *Ki* und dem Boden der Mantelhöhle, das heißt der

---

[1] Siehe BERNHARD, l. c.

Rückenfläche des Tieres auf der linken Körperhälfte. Auf diesem
Stadium ist keine Spur von grubenförmigen Einstülpungen zu sehen,
dieselben treten aber auf wenig älteren Stadien und zwar zuerst die
hinterste, an welche die übrigen, nach und nach von hinten nach
vorn in einer Reihe auftretend, sich anschließen.

Fig. 9 auf Taf. I giebt eine gute Vorstellung von der
Topographie eines Stadiums, wo schon zwei Gruben (gr) angelegt
sind und eine dritte im Entstehen begriffen ist. Das SPENGEL'sche
Organ fängt bereits an, seine ursprüngliche Lagerung aufzugeben
und ist jetzt nahezu senkrecht zur Längsachse gerichtet und parallel
zum Mantelwulst, an welchem, wie ich bei dieser Gelegenheit
bemerken möchte, eine große Anzahl von fingerförmigen Drüsen (dr)
zu sehen sind.

Fig. 1 (Taf. II) zeigt einen Querschnitt durch das SPENGEL-
sche Organ eines 2,8 mm langen Embryo, bei welchem schon eine
größere Anzahl von Gruben entwickelt sind. Eine derselben ist in
gr getroffen und dokumentiert sich als eine einfache Einstülpung des
Mantelhöhlenepithels. Man kann eine radiäre Anordnung der sie
ausscheidenden Cylinderzellen erkennen, welche deutlich sichtbare
Wimpern tragen. Links und ventral von derselben liegt der Wulst
(Wu), welcher aus einem hohen Cylinderepithel besteht.

Die Innervierung des SPENGEL'schen Organs erfolgt bekanntlich
durch einen Nerv, welcher vom Supraintestinalganglion abgeht und
den Wulst in seiner ganzen Länge durchzieht. Derselbe ist in Ne
dargestellt und liegt in einem sehr lockeren Bindegewebe eingebettet,
welches den Raum zwischen dem äußeren und inneren Mantelepithel
ausfüllt. In dem Nerven selbst erkennt man die Nervenfibrillen,
welche weitaus den größten Teil des Stranges bilden, da sie nur
von einem spärlichen Belag von Ganglienzellen bekleidet sind.

Das SPENGEL'sche Organ der Paludina ist demnach mit keinem
besonderen Ganglion ausgerüstet, es wird erst geraume Zeit nach der
Anlage des Wulstes von dem aus dem Supraintestinalganglion
hervorwachsenden Nerv versorgt.

Die Embryologie, sowie die vergleichende Anatomie ergeben,
daß das SPENGEL'sche Organ keineswegs einer verkümmerten Kieme
entspricht, wie lange Zeit angenommen wurde (die Prosobranchier,
welche noch zwei Kiemen besitzen, zeigen ein paariges oder unpaares
SPENGEL'sches Organ), sondern ein Sinnesorgan repräsentiert, dessen
Funktion noch nicht genügend sichergestellt ist[1].

---

[1] Über die morphologische Bedeutung vergleiche BERNHARD, l. c.

Ehe ich das Nervensystem und die Sinnesorgane verlasse, möchte ich einiges über eine besondere Art Zellen einschalten, welche bis jetzt noch nicht bis zu ihrer definitiven Gestaltung im erwachsenen Tier verfolgt, von den meisten Untersuchern aber abgebildet und verschieden gedeutet worden sind.

Fol (13) beschreibt bei den Pulmonaten unter dem Namen »Nuchalzellen« eine Anhäufung von besonders großen und eigentümlich gestalteten Zellen, welche sich, wie der Name besagt, in der Nackengegend vorfinden. Die Nuchalzellen hatten schon die Aufmerksamkeit Lereboullets[1] erregt, welcher sie für nervöse Elemente hielt.

Ray Lankester (4) verwechselte sie mit der Anlage der Cerebralganglien, Wolfsohn (14) hält sie für ein Embryonalhirn und Rabl bezeichnet sie kurzweg als rätselhaftes Organ (12), ebenso Sarasin, während Fol sie für besondere Mesodermzellen hält, welche sich vom Ektoderm ablösen. Ganz ähnliche Zellen lassen sich auch bei Paludina in der Nackengegend beobachten.

Auf den Fig. 13 und 14 (Taf. I), 7 und 7a (Taf. II) und 9 bemerkt man diese Zellen. Fig. 13 stellt einen Querschnitt durch den Kopf eines Embryo vor, welcher etwas jünger als der in Fig. 9 (Taf. I) abgebildete ist. Die Nuchalzellen erscheinen hier über dem Ösophagus, von welchem sich rechts die rechte Speicheldrüse abschnürt (d). Ihre Ursprungsstätte ist der hintere Rand des Velums, welcher bei äußerer Betrachtung in der dorsalen Mittellinie eine plattenförmige Verbreiterung zeigt. Von hier wachsen die Nuchalzellen nach vorn und hinten in das Innere des Embryo, indem sie von der Oberfläche in die Tiefe rücken, sich von der Platte ablösen, wie es auf dem eben besprochenen Schnitt zu sehen ist, und vermehren sich dann in ihrer Zahl sehr bedeutend. Sie bilden darauf eine strangförmige Anhäufung, welche in Begleitung des Ösophagus nach hinten zieht (Figur 14 Taf. I).

Fig. 7 und 7a, welche älteren Embryonen entnommen sind, zeigen diese Zellen bei starker Vergrößerung. Sie sind bedeutend größer als die übrigen Zellen des Embryo, besitzen eine rundliche bis unregelmäßig polygonale Gestalt, einen oder mehrere Kerne mit sehr deutlichem Nucleolus und Chromatingerüst und zeigen in der Nähe des Kerns eine gewöhnlich halbmondförmige Anhäufung von stark färbbarem Protoplasma (Fig. 7a Taf. II).

---

[1] Annales des sc. nat. zool. IV. Sect. T. XVIII. 1862.

Im Laufe der Entwicklung breiten sich die Nuchalzellen, wie ich sie einstweilen nennen will, in alle Gegenden des Körpers, im Bindegewebe zwischen den einzelnen Organen aus und entsprechen schließlich den eigentümlichen Bindegewebszellen, welche Brock (51) als Plasmazellen beschrieben hat[1].

Da die fraglichen Zellen vom hinteren Volarrand aus entstehen, und zwar gerade zur Zeit, wo das Velum sich rückzubilden beginnt, also ektodermalen Ursprungs sind, so unterscheiden sie sich scharf von den übrigen Bindegewebszellen, welche mesodermalen Ursprungs sind. Weiter glaube ich, daß das Auftreten der Nuchalzellen mit der Resorption des Velums in einen kausalen Zusammenhang zu bringen ist.

Über die Bedeutung der Nuchal- resp. Plasmazellen ist nichts bekannt. Es liegt jedenfalls kein Grund vor, sie mit Wolfsohn für ein Embryonalhirn zu halten. Fol glaubt darin einen Rest eines rückgebildeten Organs zu erkennen.

Die Entwicklung des Nervensystems bei den Gasteropoden und Mollusken überhaupt beansprucht ein ganz besonderes Interesse, da bekanntlich von mehreren Forschern die Angabe gemacht worden ist, daß die Ursprungsstätte des Nervensystems im mittleren Keimblatt zu suchen sei, während es doch bei allen anderen Metazoen, von den Cölenteraten aufwärts, vom äußeren Keimblatt stammt. Obgleich die ersten Untersucher, welche sich mit Molluskenentwicklung befaßten, wie Ganin (3) und Salensky (2), die Anlage des Nervensystems im Ektoderm suchten, stellte Bobretzky (11), welcher zum erstenmale die Schnittmethode bei embryologischen Studien an Mollusken verwertete, die Behauptung auf, daß das Nervensystem hier durchweg aus dem Mesoderm entstehe. Auch Fol (13) glaubte dasselbe für die Pedalganglien der Heteropoden und der Pulmonaten annehmen zu müssen. Jedoch sprechen seine Beobachtungen eigentlich für einen ektodermalen Ursprung, da er die Mesodermanhäufungen, aus welchen die Pedalganglien hervorgehen, vom Ektoderm sich ablösen läßt.

Rabl (12) konnte bei Planorbis zu keinem sicheren Resultat in Bezug auf die Entstehung der Pedalganglien kommen. Da er keinen Grund findet, dieselben vom Mesoderm abzuleiten, sieht er sich zur Annahme gezwungen, sie wie die Cerebralganglien von der Sinnesplatte abstammen zu lassen.

---

[1] Der Name wurde zuerst von Waldeyer auf gewisse Bindegewebszellen der Vertebraten angewandt.

Dagegen findet WOLFSOHN bei Lymnaeus stagnalis (14) die
Anlage sämtlicher Ganglien in Ektodermwucherungen, die der Cerebralganglien zu beiden Seiten des Vorderkörpers, die der Pedalganglien zu beiden Seiten des Fußwulstes.

SARASIN (18) leitet ebenfalls das ganze Nervensystem von
Ektodermwucherungen ab, eine Behauptung, welche hier keiner
weiterer Beweise bedurfte, da er ja kein eigentliches Mesoderm
unterscheidet und dasselbe je nach Bedarf vom Ektoderm sich ablösen läßt. Weiter glaubte er den wirklichen Ursprung der Pedalganglien zuerst festgestellt zu haben, während doch WOLFSOHN
schon sämtlichen Ganglien, in einer ebenfalls auf Schnitten basierten
Untersuchung, eine ektodermale Herkunft zugeschrieben hatte. Im
Gegensatz zu der Mehrzahl der Beobachter läßt SARASIN die paarigen
Ganglien aus einer gemeinsamen Verdickung entstehen, dann sich
trennen und erst nachträglich durch eine Kommissur wieder in
Zusammenhang treten.

In demselben Jahre veröffentlichte HADDON (19) eine kurze
Notiz, in welcher er speziell die Bildung der Pedalganglien bei Jan-
thine fragilis bespricht und einen Schnitt abbildet, welcher in
überzeugender Weise die Ablösung des Ganglions vom äußeren Keimblatt der Fußanlage zeigt.

Von nun ab findet man stets dieselbe Ansicht vertreten, nämlich, daß das Nervensystem ganz vom Ektoderm abzuleiten ist.

KOWAKEVSKY (20) zeigte dasselbe für die Nervenstränge der
Chitonen, welche als seitliche wulstförmig nach innen vorspringende
Verdickungen des Ektoderms entstehen.

SALENSKY (26) läßt ebenfalls sämtliche Ganglien von Vermetus
vom Ektoderm abstammen.

PATTEN (27) neigt zu derselben Ansicht, hat jedoch die Entwicklung des Nervensystems von Patella nur unzureichend er-
forscht.

Ebenso spricht sich MAC MURRICH (29) für den ektodermalen
Ursprung der Cerebral- und Pedalganglien aus, und belegt dies
durch Abbildungen von Schnitten. Er macht auch auf den Mangel
eines unterscheidenden Merkmals zwischen den Mesodermzellen und
den zur Bildung der Ganglien sich ablösenden Ektodermzellen aufmerksam und erklärt hieraus, wie diejenigen Beobachter, BOBRETZKY
und andere, welche die Ablösung nicht gesehen hatten, zu einem
falschen Schluß gelangen mußten.

Ebenso beschreibt F. SCHMIDT (50) in einer vorläufigen Mit-

2*

teilung die ektodermale Herkunft sämtlicher Ganglien der Pulmonaten.

Endlich studierte ANNIE P. HENCHMAN (52) die Entwicklung des Nervensystems von Limax maximus und kam für diesen Pulmonaten zu genau denselben Resultaten wie ich für Paludina. Sie betont, daß alle Ganglienpaare und unpaare Ganglien ganz getrennt voneinander entstehen und konnte keine mediane Wucherung finden, wie sie SARASIN für Bythynia fand und mit dem Bauchmark der Anneliden homologisierte. SCHMIDTS und HENCHMANS Arbeiten wurden mir erst nach Abschluß meiner Untersuchungen zugänglich, ich betrachtete sie daher als eine Bestätigung derselben. Ich habe inzwischen die Entwicklung der Bythynia eingehender untersucht und gefunden, daß die Entwicklung des Nervensystems bei derselben fast genau so verläuft, wie ich es bei Paludina geschildert habe.

Somit dürfte bei sämtlichen Gasteropoden der Ursprung des Nervensystems ein ektodermaler sein. Ich glaube aber, daß diese Behauptung sich auf alle übrigen Mollusken ausdehnen läßt. Zahlreiche Arbeiten haben dies für die Lamellibranchiaten gezeigt, so z. B. die Arbeiten von HATSCHEK[1] über Terode, von ZIEGLER[2] über Cyclas, von KOWALEVSKY[3] über Dentalium. Was endlich die Cephalopoden anbelangt, so darf man aus den Beobachtungen VIALLETONS[4] bei Sepia schließen, daß auch hier das Nervensystem vom äußeren Keimblatt stammt. VIALLETON unterscheidet zwar kein eigentliches Mesoderm und steht daher auf demselben Standpunkt wie SARASIN, doch beweisen seine Abbildungen hinreichend, daß die Ganglien als Verdickungen des Ektoderms entstehen, sich ablösen und in die Tiefe rücken.

Bei dieser Gelegenheit möchte ich bemerken, daß mir die Cephalopoden zur Beurteilung der Mesodermfrage, wegen der großen Masse ihres Dotters, wenig günstig erscheinen, etwa wie hierfür das Vogelei ein weit weniger geeignetes Objekt ist, als beispielsweise die Amphibieneier.

---

[1] B. HATSCHEK, Über Entwicklungsgeschichte von Teredo. Arbeiten des zoologischen Instituts zu Wien. III. 1880.

[2] H. ERNST ZIEGLER, Die Entwicklung von Cyclas Cornea. Zeitschrift für wiss. Zoologie. Bd. XLI. 1885.

[3] A. KOWALEVSKY, Etude sur l'embryogénie du Dentale. Ann. du Mus. d'hist. nat. de Marseille 1883.

[4] L. VIALLETON, Recherches sur les prem. phases de développement de la seiche. Ann. sc. nat. Zool. 6. 1888.

Ich glaube für Paludina den strikten Nachweis der ektodermalen Entstehung des Nervensystems geführt und ein vollständiges Bild der Entstehung der verschiedenen Ganglien, ihrer Kommissuren und Konnektive gegeben zu haben. Letzteres halte ich insofern für erwünscht, als die meisten Autoren sich auf die Erforschung einzelner Ganglien beschränkt haben und entweder gar nicht oder nur ganz kurz auf deren Verbindungen eingehen.

Betrachten wir nun die Bildung der Sinnesorgane, so ist ihre Entstehung vom äußeren Keimblatt nie angezweifelt worden. Während aber alle anderen Autoren Otolithenblase und Auge durch Einstülpen sich bilden lassen, läßt Fol dieselben bei den Pteropoden (7) und den Süßwasserpulmonaten durch Delamination entstehen. Diese Angabe gewinnt dadurch eine Stütze, daß bei den Pteropoden, den Landpulmonaten und Vermetus die Cerebralganglien durch Invagination entstehen sollen, während sie bei allen anderen daraufhin untersuchten Formen auf dem Wege der Delamination sich bilden. Nichtsdestoweniger erscheint mir dieser Punkt einer erneuten Untersuchung zu bedürfen, da Rabl bei Pianorbis Einstülpung der Sinnesorgane beobachtete, was ich selbst bestätigen kann.

Übrigens ließe sich vielleicht auch die Invagination der Cerebralganglien mit der Bildung der Cerebraltuben in einen gewissen Zusammenhang bringen.

Von der Entstehung des Spengel'schen Organs bei den Prosobranchiern war bis jetzt nichts bekannt, da Sarasin, welcher es allein berücksichtigt hat, den Ursprung desselben nicht feststellen konnte. Fol berichtet einiges über das Lacaze-Duthier'sche Organ der Pulmonaten und erwähnt, daß er bei den Pteropoden ein ähnliches grubenförmiges Organ in der Mantelhöhle gesehen hat.

Ehe ich die Besprechung des Nervensystems verlasse, halte ich es für notwendig, auf die Beziehungen desselben zu der Asymmetrie einzugehen. Schon im ersten Teile dieser Arbeit habe ich berichtet, daß meine Untersuchungen die Theorie Bütschlis (28) über die Entstehung der Asymmetrie bei den Prosobranchiern bestätigt haben. Dasselbe zeigt auch die Entwicklung des Nervensystems.

Ursprünglich liegen bei Paludina die beiden Intestinalganglien symmetrisch zu beiden Seiten des Ösophagus und wir sehen, daß sie Hand in Hand mit der Ausbildung der Asymmetrie ihre definitive Lagerung erreichen, indem das rechte Ganglion über, das linke

unter den Schlund rückt. Ebenso verändert auch das Visceralganglion seine Lage. Auf dem Stadium, wo es sich vom Ektoderm der
Mantelhöhle ablöst, befindet es sich dorsal vom Enddarm und kommt
erst später allmählich unter denselben zu liegen. Dieser Punkt
erscheint mir insofern von Wichtigkeit, als Bouvier (44) in der ventralen Lagerung der Visceralkommissur der Prosobranchier in
Bezug auf den Darm, im Gegensatz zu den Chitonen, bei welchen
dieselbe eine dorsale ist, eine Ableitung des Nervensystems der
Prosobranchier von einer chitoähnlichen Urform für unstatthaft hält.

Der wichtigste Einwand Bouviers gegen die Bütschli'sche
Ansicht ist aber auf die Untersuchung der linksgewundenen Prosobranchier gestützt. Er fand nämlich, daß bei den von ihm untersuchten Arten: Lanistes und Meladomus, die Lagerung der
Organe dieselbe bleibt wie bei den rechtsgewundenen Formen, und
daß das Nervensystem dem entsprechend genau dasselbe Verhalten
bietet. Aus diesen Befunden zog er den Schluß, daß bei den Prosobranchiern die Torsion keinen Einfluß auf die Asymmetrie des Nervensystems hat, während die Pulmonaten, wie schon Lacaze Duthiers
gezeigt hat, sich genau entgegengesetzt verhalten, je nachdem sie
rechts- oder linksgewunden sind. Daher erklärt Bouvier alle Theo-
rieen, welche die Chiastoneurie auf Grund der Asymmetrie erklären
wollen, für verfehlt.

Seit dem Erscheinen seines Hauptwerkes über das Nervensystem
der Prosobranchier untersuchte Bouvier eine andere linksgewundene
Prosobranchierspezies, Neptunea contraria, und fand, daß sich
dieses Tier genau entgegengesetzt zu den früher von ihm untersuchten linksgewundenen Formen verhält. Alle Organe, welche bei
den rechtsgewundenen Formen rechts liegen, befinden sich hier auf
der linken Seite und umgekehrt. Dieser Verlagerung entsprechend
ist auch das Nervensystem verlagert, indem der rechte Ast der
Visceralkommissur von Neptunea unter den Ösophagus, der linke
über denselben zieht.

Aus diesen Beobachtungen Bouviers geht nun deutlich hervor,
daß die Asymmetrie des Körpers und des Nervensystems ganz unabhängig von der Richtung der Einrollung des Eingeweidesackes ist,
wie Bütschli ganz besonders hervorgehoben hat, da dieselbe »einem
Prozeß von eigenartiger mit der übrigen Asymmetrie nicht direkt
zusammenhängender Natur ihre Entstehung verdankt«.

Infolgedessen ist der Einwand Bouviers nicht berechtigt, da
ja das Verhalten des Nervensystems der Prosobranchier eng an die

Asymmetrie desselben gebunden ist, wie die vergleichende Anatomie und die Embryologie zeigen. Es gilt nun folgendes Gesetz: ist die Asymmetrie mit Ausnahme des Eingeweidesackes eine linksgewundene, so ist auch das Nervensystem entsprechend verlagert (Neptunea contraria), erstreckt sich aber die linksgewundene Einrollung nur auf den Eingeweidesack (wie bei Lanistes und Meladomus), so wird das Nervensystem nicht beeinflußt.

In einer Abhandlung über »die Windungsverhältnisse der Schale von Planorbis« bemerkt G. Pfeffer [1] gegen die von Bütschli behauptete Unabhängigkeit der Asymmetrie des Eingeweidesackes der Gastopoden von der übrigen Asymmetrie des Körpers, man wisse seit recht langer Zeit, daß eine spiegelbildliche Umkehrung der Spirale einer Schneckenschale Hand in Hand gehe mit der zugleich auftretenden spiegelbildlichen Umkehrung der Lage sämtlicher Eingeweide. Deshalb ließe sich mit »gutem Recht« gegen Bütschli behaupten, »daß die Thatsachen einen Zusammenhang der Rotation des gesamten Schneckenkörpers mit der Rotation der Schale zeigten«. Bütschli hat nun in seiner Arbeit (28) auf pag. 219 ganz ausdrücklich auf diese von Pfeffer angezogenen Thatsachen hingewiesen und zugegeben, daß ein »gewisser Zusammenhang der Torsion des Eingeweidesackes mit der übrigen Asymmetrie nicht zu leugnen sei«. Gleichzeitig wies er jedoch darauf hin, daß die Untersuchung dexiotroper [2] (conchiologisch linksgewundener) Prosobranchiaten, so z. B. von Lanistes, welche noch ausstände, für die Entscheidung dieser Frage besonders wichtig sei. Hätte nun Pfeffer die schon vor dem Erscheinen seiner Arbeit publizierten Untersuchungen Bouviers über die dexiotrope Art Lanistes berücksichtigt, so würde er sich überzeugt haben, daß die schon »seit recht langer Zeit« bekannte Thatsache doch nicht so allgemein gelte, wie er annehmen will, daß sie vielmehr gerade die von Bütschli aus allgemeinen Erwägungen gefolgerte Unabhängigkeit der Torsion des Eingeweidesackes von der übrigen Asymmetrie vollkommen bestätigen. Bouvier verfiel durch ungenügendes Studium der Bütschli'schen Arbeit in den umgekehrten Fehler wie Pfeffer, indem er übersah,

---

[1] G. Pfeffer, Die Windungsverhältnisse der Schale von Planorbis. Aus dem Jahrbuch der Hamburgischen wissenschaftlichen Anstalten. VII. 1890.

[2] Dexiotrop entspricht dem, was die Conchiologen linksgewunden nennen, umgekehrt ist laeotrop dann gleich rechtsgewunden. Die Ausdrucksweise der Conchiologen widerspricht der mathematischen Definition der Spirale.

daß BÜTSCHLI die Unabhängigkeit des Eingeweidesackes von der übrigen Asymmetrie besonders betont hat.

Neuerdings hat v. IHERING[1] behauptet, daß es ganz unnötig wäre, die Theorien von SPENGEL, BÜTSCHLI und anderen über die Entstehung der Asymmetrie und Torsion zu diskutieren, da die Existenz von Orthoneuren beweise, daß die Verlagerung des Afters nichts mit der Bildung der Chiastoneurie zu thun habe. Obgleich nun eine so summarische Behandlung einer derartigen Frage eigentlich keine Entgegnung verdient, so möchte ich doch auf folgende Punkte aufmerksam machen. BÜTSCHLI betonte, daß die Annahme v. IHERINGS, daß es unter den Prosobranchiern Orthoneuren gäbe, nur auf oberflächlichen Untersuchungen beruhe, nachdem SPENGEL wahrscheinlich gemacht hatte, daß die Orthoneurie unter den Vorderkiemern nur eine scheinbare ist. Trotzdem stellte v. IHERING[2] dieselbe Behauptung von neuem auf, obgleich die Untersuchungen BOUVIERS die entgegengesetzte Ansicht BÜTSCHLIS bestätigt hatten. Darauf untersuchte PELSENEER[3] die in Frage kommenden Formen und zeigte, daß BOUVIER mit Recht Ampullaria für chiastoneurisch erklärt hatte, daß die Helicinen und Neritiden ursprünglich auch chiastoneurisch gewesen sein müßten, da bei denselben das Visceralganglion dorsal vom Ösophagus liegt, und daß die scheinbare Orthoneurie auf Rückbildung des dorsalen Zweiges der Visceralkommissur zurückzuführen sei. Die eben angeführten Untersuchungen hätten doch sicherlich eine Besprechung von seiten v. IHERINGS verdient, um so mehr, als sie den Schluß rechtfertigen, daß es unter den Prosobranchiern gar keine wirklichen Orthoneuren giebt.

Bekanntlich stützte sich SARASIN (18) auf die von ihm beobachtete Entwicklung des Nervensystems der Bythynia, um den von ihm als Bauchkette bezeichneten Teil des Nervensystems: Pedal-, Intestinal- und Visceralganglien mit dem Bauchmark der Anneliden zu homologisieren. Er läßt nämlich diese Ganglien sämtlich aus einer Ektodermwucherung der »medianen Bauchlinie« hervorgehen. Gegen diesen Schluß erhebt BOUVIER Einspruch auf Grund der Verhältnisse bei niederen Prosobranchiern.

---

[1] H. von IHERING, Sur les relations naturelles des Cochlides et des Ichnopodes. Bull. scient. France et Belgique. XXIII. 1891.

[2] H. von IHERING, Giebt es Orthoneuren? Zeitschrift für wiss. Zoologie. Bd. XLV. 1887.

[3] P. PELSENEER, Giebt es Orthoneuren? Bull. scientif. France et Belg. XIX. 1888.

Meine Ergebnisse weichen stark von denen Sarasins ab. Ich
glaube, daß, wie Bouviers Arbeit zeigt, das Nervensystem der
Paludina ein primitiveres ist als das von Bythynia, und so eine
bessere Grundlage für phylogenetische Untersuchungen liefert.

Bouvier teilt die Prosobranchier in zwei Gruppen: in die
Diotocardier und die Monotocardier. Die Diotocardier sind
primitive Formen und besitzen durchweg zwei Vorhöfe und meistens
auch zwei Nieren, zwei Kiemen und zwei Spengel'sche Organe.
Die Monotocardier dagegen besitzen nur einen Vorhof, und die
übrigen oben angeführten Organe sind bei denselben nur in der
Einzahl vorhanden.

Wie den Diotocardiern sind die Kommissuren und Konnektive
der Paludina sehr lang, die Ganglien diffus, während das Nervensystem der Bythynia im Gegenteil wie das der höchst differenzierten
Monotocardier sich durch große Konzentration auszeichnet. Dem
entsprechend liegen bei Paludina die Anlagen der Pedal-, der
Intestinal- und der Visceralganglien weit voneinander entfernt und
gehen keineswegs aus einer gemeinsamen Anlage hervor. Ich neige
daher zu der Ansicht, daß, wenn erwähnte Ganglien der Bythynia
wirklich aus einer gemeinen Ektodermwucherung hervorgehen, es
eine cänogenetische Erscheinung ist, hervorgerufen durch die große
Konzentration des Nervensystems.

Da Sarasin sämtliche Entwicklungsstadien bei einer und der-
selben zu schwachen Vergrößerung gezeichnet hat, so läßt sich in
Bezug auf diese Entwicklung des Nervensystems und dessen feineren
Bau nicht viel aus seinen Abbildungen entnehmen.

Verschiedene Autoren legen auf das Vorkommen zweier Paare
von Exkretionsorganen bei den Mollusken insofern großes
Gewicht, da sie in demselben einen Grund sehen, dem Mollusken-
körper eine Zusammensetzung aus zwei Segmenten zuzuschreiben,
was sie in einen näheren Zusammenhang mit den Anneliden bringen
soll. Zu ähnlichen Schlüssen ist auch Sarasin, besonders in Bezug
auf das Nervensystem, gelangt.

Obgleich mir die Hypothese der Zusammensetzung des Mollusken-
körpers aus zwei Segmenten berechtigt erscheint, sprechen wichtige,
auf die vergleichende Anatomie gegründete Thatsachen eher für
eine Verwandtschaft der Mollusken mit den Plattwürmern, bei welchen
übrigens schon die Andeutung einer Segmentierung vorkommt. Auf
diese Verwandtschaft der Mollusken mit den Plattwürmern hat
Bütschli in seinem Aufsatze: »Zur Herleitung des Nervensystems

der Nematoden« zuerst klar hingewiesen[1], nachdem v. Ihering einen Teil der Mollusken, seine Ichnopoden, von den Turbellarien abgeleitet hatte.

So bietet das Nervensystem der Amphineuren zahlreiche Anklänge an die Verhältnisse der Plattwürmer, und diese lassen sich bei den niederen Prosobranchiern, den Diotocardiern, in den zahlreichen Anastomosen zwischen den Pedalsträngen wiederfinden, eine Erscheinung, welche sich noch bei Paludina, einem in vielen Hinsichten niedrig stehenden Monotocardier, erhalten hat.

Was die Entwicklung des Nervensystems anbelangt, so bietet dieselbe mindestens ebensoviele Anknüpfungspunkte an diejenige der Plattwürmer als an die der Anneliden.

Ungleich wichtigere Einwände gegen die Verwandtschaft der Mollusken zu den Plattwürmern wären das Vorhandensein bei den Mollusken: erstens eines Afters, zweitens einer echten sekundären Leibeshöhle.

In betreff des ersten Punktes wäre zu bemerken, daß der After hier kein Proktodäum, wie bei den Anneliden, ist, sondern als ein Rest des Blastoporus aufgefaßt werden kann, geht doch bei Paludina der After direkt aus dem Urmund hervor, und spricht nicht in den meisten Fällen die längliche Gestalt desselben dafür, daß der Mund an einem Ende des Spaltes, der After am anderen Ende gebildet wird. In Bezug auf den zweiten Punkt scheint mir die Frage, ob eine Leibeshöhle bei den Plattwürmern existiert oder nicht, eingehender Untersuchung bedürftig zu sein. Brock[2] glaubt in den beiden Stämmen des Wassergefäßsystems des von ihm entdeckten Trematoden Eurycoelum Sluiteri[2] den Anfang einer Leibeshöhle zu sehen, da dieselben außerordentlich weit sind (sie nehmen stellenweise mehr als die Hälfte des Querschnittes durch das ganze Tier ein) und keine regelmäßige Begrenzung haben. Ich glaube dagegen, daß bei Eurycoelum die bei den Plattwürmern im allgemeinen stark zurückgebildete Leibeshöhle in ausgiebiger Weise erhalten geblieben ist. Jedenfalls müßte die Frage auf vergleichend-anatomischen sowie auf embryologischem Wege genauer geprüft werden, da die bis jetzt über die Anatomie und Entwicklung der Plattwürmer erschienenen Arbeiten über Existenz und Beschaffenheit der Leibeshöhle keinen genügenden Aufschluß geben.

---

[1] Morph. Jahrb. X. 1885.

[2] J. Brock, Eurycoelum Sluiteri n. g. n. sp. Nachrichten von der kgl. Gesellschaft der Wiss. zu Göttingen. Nr. 18. 1886.

Im Anschluß an die eben berührte Frage von der Abstammung der Mollusken will ich zwei Abhandlungen erwähnen, welche dasselbe Thema eingehend behandeln.

v. IHERING[1] hat neuerdings seine bekannte Theorie von der Phylogenie der Mollusken mit einigen Veränderungen von neuem erörtert. Ich glaube, daß das Studium der neueren, die Anatomie und Ontogenie der Mollusken behandelnden Litteratur zur Genüge zeigt, daß nur die wenigsten die Ansicht v. IHERINGS teilen, nach welcher die von CUVIER als Mollusken zusammengefaßten Tiere aus zwei heterogenen Gruppen bestehen, von denen die eine von den Plattwürmern, die andere von den Anneliden abstammen soll.

THIELE[2] leitet die Mollusken von turbellarienartigen Formen ab, kommt also zu denselben Resultaten wie BÜTSCHLI. Es wäre hier nicht am Platze, auf seine Spekulationen über die Phylogenie der übrigen Metazoen einzugehen. THIELE beansprucht zwar für die Mollusken eine sekundäre Leibeshöhle oder Cölom, bestreitet aber entschieden, daß dieselbe ein Enterocöl und der Leibeshöhle der Vertebraten homolog sei. Ich brauche nicht hervorzuheben, daß diese Ansicht meinen an Paludina gemachten Erfahrungen vollständig widerspricht.

v. IHERING und THIELE schlagen beide den Wert der Embryologie für die Ermittelung der Abstammung der Tiere sehr gering an. Von anderer Seite ist die Embryologie in dieser Hinsicht gewiß überschätzt worden; doch wird man im allgemeinen zugeben müssen, daß beide Disciplinen sich gegenseitig ergänzen und daß man nur durch Kritik der von der vergleichenden Anatomie, der Embryologie und der Paläontologie gelieferten Thatsachen in der Abstammungslehre weiterzukommen hoffen darf.

C. Cirkulationssystem.

Paludina besitzt die für die Mollusken typische Ausbildung des Gefäßsystems, dessen Beschreibung ich nach der Darstellung LEYDIGS (1) in Kürze folgen lasse und sein Schema beifüge.

Aus der Kieme, welche, wie schon erwähnt wurde, von rechts vorn nach links und hinten in einem Bogen zum Herzen zieht, das am inneren Ende des Bodens der Mantelhöhle gelegen ist und von

---

[1] l. c.

[2] J. THIELE, Die Stammesverwandtschaft der Mollusken. Ein Beitrag zur Phylogenie der Tiere. Jenaische Zeitschrift für Naturwissenschaft. Bd. XXV. N. F. XVIII. 1891.

diesem durch ein Septum getrennt wird (vgl. Fig. 9 Taf. I), kommt
das Blut als arterielles durch die Kiemenvene (*Kv*) in den Vorhof
(*Vo*). Die Kiemenvene folgt dem Verlauf der Kieme, an deren

Fig. 2.

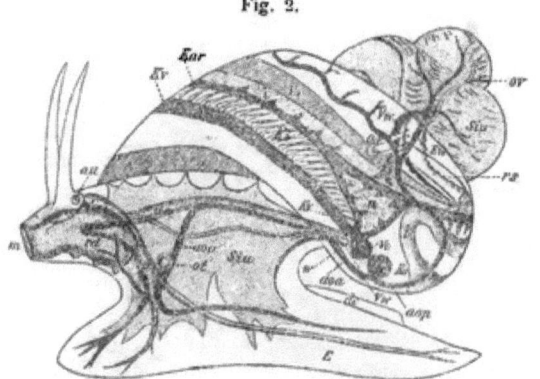

Vorderrand sie hinzieht. Vom Vorhof gelangt das Blut in die
Kammer (*Ka*), welche es in die Aorta treibt. Die Wurzel derselben
ist außerordentlich kurz, indem sich das Gefäß sofort in zwei Äste
teilt, in einen vorderen, die Aorta anterior (*aoa*), und in einen hinteren,
die Aorta posterior (*aop*).

Die vordere Aorta versorgt den Rumpf, den Fuß und den
Kopf. Sie entspringt links vom Schlund, wendet sich aber bald
nach rechts und verläuft eine Strecke weit rechts von demselben.
Etwa in der Mitte des Rumpfes angelangt, richtet sie sich nach abwärts und begiebt sich, dicht unter der Pedalkommissur verlaufend,
in den Fuß, den sie sodann von vorn nach hinten in der Median-
linie durchzieht. Gleich vor der Pedalkommissur schickt sie einen
starken Ast in den Kopf und etwas später einen anderen noch be-
deutenderen in das Vorderende des Fußes.

Die Aorta posterior (*aop*) zieht in der der Aorta anterior
entgegengesetzten Richtung nach hinten und versorgt die Geschlechtsorgane und die Eingeweide.

Nachdem das Blut die verschiedenen Organe bespült hat, sammelt
es sich in den sogenannten Sinusen, nämlich das Blut des Kopfes,
Rumpfes und Fußes in dem venösen Sinus (*Sia*), welcher den
Ösophagus umgiebt, oder Rumpfsinus, das Blut des beschalten Hinterendes in dem venösen Sinus, welcher Leber, Magen und Darm umgiebt (*Sip*). Aus den venösen Räumen entstehen die Venenwurzeln (*vw*),

welche schließlich die Kiemenarterie (*Kar*) bilden, nachdem ein großer Teil des venösen Blutes die Niere (*n*) durchströmt hat.

Die erste Anlage des Gefäßsystems zeigt sich auf sehr frühen Stadien, und zwar ganz unabhängig von dem Herzen, welches viel später auftritt. Sie zeigt sich in der Gestalt eines Sinus, welcher bereits von LEYDIG beobachtet wurde, da dessen Pulsationen seine Aufmerksamkeit erregten. Der Sinus liegt am Vorderende des Embryo in der Gegend des Fußes unter dem Darm, ich will denselben als Ursinus (*Us*) bezeichnen. Fig. 1 (Taf. I) ist ein Querschnitt durch die Schalendrüsengegend eines sehr jungen Embryo, bei welchem Fuß, Urniere und Herzbeutel sich eben anlegen. Zwischen dem Urdarm (*Ud*) und dem verdickten Ektoderm der Fußanlage (*Fu*) bemerkt man auf der rechten Seite des Schnittes eine Anhäufung von Mesodermzellen, welche sich auf dem nächstfolgenden Schnitte auch links zeigt und die Anlage des Herzbeutels vorstellt (vgl. den ersten Teil dieser Untersuchung). Zwischen den paarigen Anlagen des Herzbeutels liegt nun ein Hohlraum, welcher dem sich anlegenden Ursinus entspricht. Da, wie schon früher auseinandergesetzt wurde, der Herzbeutel zum Cölum gehört, so entspricht der Ursinus einem Teil der primären Leibeshöhle oder der Furchungshöhle. In der That entsteht er auch zwischen dem Urdarm und dem anliegenden Mesoderm (splanchnisches Mesoblast), wird aber bald von dem Darm durch eine außerordentlich dünne Lage von Mesodermzellen getrennt.

Während auf dem eben beschriebenen Stadium die Grenzen des Ursinus schwer nachweisbar sind, ist er auf späteren Stadien (Fig 3 und 4 Taf. I) viel schärfer begrenzt, wird aber nach hinten immer enger und endigt vor dem Magen. Um Magen und Leber tritt ein neuer Sinus auf, welcher aber von dem eben erwähnten getrennt und lange nicht so scharf umgrenzt ist.

Der Ursinus, welcher ziemlich regelmäßige Pulsationen ausführt, entspricht einer Art von Larvenherz, ist aber kein vergängliches Gebilde, wie solche im allgemeinen zu sein scheinen, sondern verwandelt sich, indem er mit der Zeit enger und enger wird, in den vorderen Ast der Aorta um, und tritt mit dem Herzen, welches sich mittlerweile aus der Herzbeutelwand gebildet hat, in Verbindung[1].

---

[1] BÜTSCHLI (10) konnte keine Pulsationen im Fuße der Paludinenembryonen beobachten, ich habe mich aber in vielen Fällen von der Richtigkeit der LEYDIGschen Angaben überzeugt. Die Pulsationen zeigen sich nur beim unversehrten Embryo und hören bald, wenn dieser gedrückt oder sonst wie geschädigt wird, auf.

Wie im ersten Teil dieser Arbeit genauer erörtert wurde, bildet sich das Herz als eine rinnenförmige Einstülpung der Herzbeutelwand und schnürt sich zu einer Röhre ab, deren offene Enden eine Kommunikation zwischen dem Herzbeutel (Cölom, sekundäre Leibeshöhle) und der Furchungshöhle, primäre Leibeshöhle, herstellen.

Fig. 3 (Taf. II) zeigt einen Querschnitt durch einen bedeutend älteren Embryo, bei welchem das Herz schon gut ausgebildet ist und deutlich Vorhof und Kammer erkennen läßt. In *Us* ist wieder der Ursinus zu sehen, welcher bereits viel enger geworden ist. Genau an derselben Stelle verläuft später der vordere Aortenast, welcher unter der Pedalkommissur nach vorn zieht. Uebrigens läßt sich der Übergang des Ursinus in die Aorta mit der größten Sicherheit nachweisen.

Auf Fig. 2 (Taf. II), welche einen Querschnitt durch die Herzgegend eines Embryo vorstellt, läßt sich die Entstehung desjenigen Teiles der Aorta (*Ao*), welcher mit der Herzkammer in Verbindung tritt, verfolgen. Derselbe entsteht aus einem Teil des den Darm und die Leber umgebenden zweiten Ursinus. Die Aorta, deren Anfangsstück dorsal vom Ösophagus und links davon verläuft, richtet sich weiter oralwärts rechts und nach der Ventralseite, um unter dem Schlund den schon geschilderten Verlauf nach vorn zu nehmen. Der Querschnitt Fig. 14 auf Taf. I zeigt diese Gegend eines Embryo. *Ao* und *Ao* sind Teile der Aorta, welche, wie die Durchmusterung der Serie lehrt, in Zusammenhang stehen. Derselbe Querschnitt zeigt ebenfalls die Kiemenvene *Kv* im Querschnitt, deren Ursprung ebenfalls in einem Lückenraum des Mesoderms liegt. Der Zusammenhang der Kiemenvene mit dem Vorhof (*Vo*) ist auf Fig. 2 (Taf. II) *Kv* zu sehen.

Merkwürdigerweise erfolgt die Entstehung der venösen Sinuse erst viel später als diejenige der arteriellen Gefäße. Während auf mittleren Stadien das Mesoderm um den Darm herum (abgesehen von den beiden schon erwähnten Ursinusen) ziemlich kompakt erscheint (vgl. Taf. I Fig. 11, 13, 14 und Taf. II Fig. 3), zieht es sich auf beträchtlich älteren Stadien vom Ösophagus, Magen, Leber und Darm zurück und bildet einen Lückenraum um diese Organe, welche den venösen Teil des Cirkulationsapparates vorstellt (Taf. II Fig. 4 und 7 *si*). Fig. 7 zeigt den vorderen venösen Sinus, welcher hier dorsalwärts vom Ösophagus getroffen ist und den Plasmazellenstrang umgiebt.

Die Entwicklung des Gefäßsystems ist bis jetzt nur wenig berücksichtigt worden. Nur die Enstehung des Herzens und der pulsierenden embryonalen Sinuse, welche unter dem Namen Larvenherz zusammengefaßt worden sind, waren Gegenstand eingehenderer Untersuchungen. Im übrigen begnügte man sich damit, anzugeben, daß die Gefäße im allgemeinen im Mesoderm durch Auseinanderweichen seiner Zellen entstehen.

Wie wir sahen, bildet sich bei Paludina der Ursinus zwischen Darm und splanchnischem Mesoblast; ebenso auch entstehen die anderen Teile der Aorta und auch die Sinuse des Cirkulationsapparates zwischen dem splanchnischen Mesoblast und dem Darm oder dem somatischen und dem Ektoderm. Mithin gehen die Gefäße aus der reduzierten primären Leibeshöhle, d. h. der Furchungshöhle hervor. Daher entspricht der Raum, welcher zwischen den beiden Blättern des Mesoderms liegt, nur dem Cölom oder der sekundären Leibeshöhle, deren Bildung im ersten Teile dieser Arbeit genauer geschildert wurde. Ein sehr großer Teil des Cöloms wird aber von den Spindelzellen des Mesoderms, d. h. dem Blastem des Bindegewebes und der Muskeln ausgefüllt, zu einer Zeit sogar das ganze Cölom, bis sich der Herzbeutel in demselben anlegt. Das Perikard stellt unzweifelhaft den Rest des von Bindegewebe und Muskeln zum größten Teil in Anspruch genommenen Cöloms vor. Ich glaube diese Deutung des Herzbeutels durch zahlreiche vergleichend-anatomische und entwicklungsgeschichtliche Gründe hinreichend motiviert zu haben. Dieselbe wird aber nochmals durch das Studium der Entwicklungsgeschichte des Geschlechtsapparates gestützt.

D. Geschlechtsapparat.

Die Geschlechtsorgane von Paludina, welche wie weitaus die meisten Prosobranchiaten getrennten Geschlechts ist, sind von LEYDIG (1) und BAUDELOT (39) genauer untersucht worden. Ich habe die Beobachtungen dieser Forscher durch Zergliederungen und Schnitte kontrolliert und kann denselben in anatomischer Hinsicht nichts Neues hinzufügen. Für die Beschreibung der Geschlechtsorgane halte ich mich an BAUDELOT, dessen Abbildungen ich im beistehenden Holzschnitt wiedergebe, für die Lagerung derselben an LEYDIG[1], dessen Untersuchung das Übersichtsbild entnommen ist.

---

[1] Fig. 2 pag. 28.

Die männlichen Geschlechtsorgane bestehen aus dem Hoden, dem Vas deferens mit seinen verschiedenen Abschnitten, und dem Begattungsorgan, welches durch den umgebildeten rechten Tentakel gebildet wird.

Fig. 3.

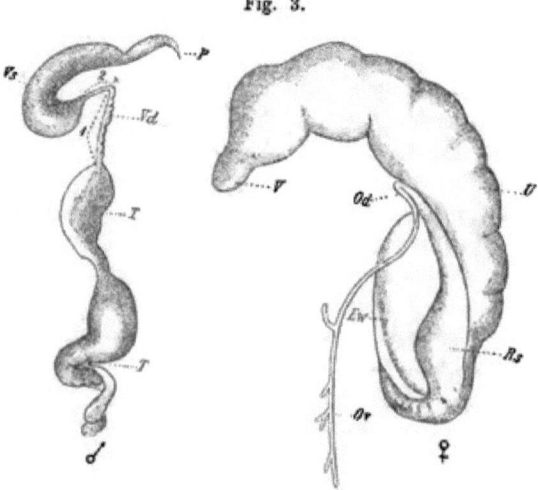

Der Hoden liegt im Eingeweidesack neben der Leber und verläuft der Schalenspindel entlang, deren Windungen er sich anbequemt. Er besteht aus zwei Abschnitten, von denen der kleinere dem vorderen Teile des Eingeweidesackes entspricht, der größere hintere sich bis zu dessen Ende erstreckt (vgl. den Holzschnitt *T T*). Beide Lappen sind miteinander durch einen verengten Abschnitt verbunden. Der Hoden hebt sich durch seine intensiv gelbe Farbe von der dunkelbraunen Leber ab und fällt, wenn man die Schale entfernt hat, sofort in die Augen.

Das Sperma wird durch das Vas deferens (*Vd*) aus dem Hoden herausgeführt. Dasselbe besteht zunächst aus einem, gleich auf den Hoden folgenden geraden Abschnitt, biegt dann aber ganz plötzlich in einem Winkel an dem inneren Ende des Bodens der Mantelhöhle um und erweitert sich bald zu dem stark muskulösen Abschnitt, welcher von einigen Autoren Samenblase, Vesicula seminalis (*Vs*), von anderen Prostata genannt wird und vielleicht passender als Ductus ejaculatorius aufgefaßt werden dürfte. Dieser Abschnitt erstreckt sich unter der Haut der Rückenseite, von links in der Nähe des Herzbeutels nach vorn rechts verlaufend, bis zur Basis des

rechten Tentakels. Hier angelangt, verengt sich der Ausführgang
wieder stark, um sich im Tentakel selbst wieder etwa auf die Hälfte
des früheren Durchmessers zu erweitern und endigt auf einer freien
Spitze (P), welche in einer taschenförmigen Einstülpung der Tentakel-
haut zurückgeschlagen und untergebracht werden kann. Während
meistens der ganze Tentakel als Penis aufgefaßt wird, sieht BAUDELOT
nur in dieser freien Spitze das eigentliche Begattungsorgan.

Die weiblichen Geschlechtsorgane bestehen aus dem Ovar (Ov),
dem Eileiter (Od), in welchem eine Eiweißdrüse (Eir) zur Bereitung
der Eiweißhülle, welche das Ei umgiebt, mündet, dem Uterus,
dessen proximales Ende umgeschlagen ist und eine Samentasche
(Receptaculum seminis [Rs]) bildet, während das distale Ende den
Penis bei der Begattung aufnimmt und daher Vagina (V) genannt
wird. Das Ovar (Ov) nimmt eine entsprechende Lage im Eingeweidesack ein wie der Hoden, ist aber bedeutend dünner als derselbe,
während es annähernd dieselbe Länge besitzt wie die männliche
Keimdrüse. Die Feinheit des Ganges, denn das Ovar ist röhrenförmig gebaut, bewirkte, daß es längere Zeit der Untersuchung
entging, bis es zuerst von LEYDIG entdeckt wurde[1]. Die weibliche
Keimdrüse zeigt dieselbe gelbe Farbe wie der Hoden, sie wird durch
die Dotterkörnchen verursacht.

LEYDIG fand den Eierstock mit zahlreichen Eiern angefüllt,
während BAUDELOT keine darin nachweisen konnte. Ich habe Querschnitte durch das Ovar von Paludina geführt und kann die Angaben
LEYDIGS bestätigen.

Das Ovar ist eine Röhre mit rundem Querschnitt, besitzt nach
außen eine dünne Tunica propria, worauf ein niedriges, etwas kubisches
Epithel folgt, aus deren Zellen die Eier sich bilden und stark in das
Lumen vorspringen.

Vom Ovar aus gelangen die Eier in den Eileiter (Od), welcher
eine plötzliche Knickung erfährt und dessen Schenkel dadurch eng
aneinandergepreßt verlaufen. Ich fand dasselbe mit Sperma
angefüllt[2]. Die Eiweißdrüse (Eir), welche recht groß ist, mündet in

---

[1] BAUDELOT, dessen Arbeit 13 Jahre nach der LEYDIG'schen Abhandlung
erschien, erwähnt dieselbe mit keinem Wort.

[2] Die Spermatozoen im Eileiter und in der Samentasche gehörten alle
zum fadenförmigen Typus, ebenso wie diejenigen, welche sich in der Eiweißhülle der Eier fanden. Ich kann hierin nur die diesbezüglichen Angaben von
M. v. BRUNN (Über die doppelte Form der Spermatozoen von Paludina vivipara,
Archiv für mikr. Anatomie. Bd. XXVIII. 1883) bestätigen.

den Anfangsteil des Eileiters, an der Stelle, wo er in das Ovar übergeht. Der zweite Schenkel des Eileiters geht allmählich in die geräumige Samentasche über, welche durch eine enge Öffnung in den Uterus führt, der gewöhnlich mit Eiern verschiedensten Alters vollgepfropft ist. Die Öffnung liegt aber nicht am hinteren Ende des Uterus, sondern seitlich, so daß das hintere Ende des Uterus einen Blindsack bildet.

Auf die morphologische Bedeutung der einzelnen Abschnitte des männlichen und weiblichen Geschlechtsapparates, wie auf die Homologien derselben soll erst nach der Schilderung ihrer Entwicklung eingegangen werden, da dieselbe darüber die besten Aufschlüsse gewährt.

Die erste Anlage der Geschlechtsorgane tritt schon verhältnismäßig früh auf, und zwar auf einem Stadium, welches einen noch ganz larvalen Charakter besitzt, d. h. ein noch deutliches Velum und die Urnieren im Maximum ihrer Entwicklung zeigt.

Die Anlage ist von vornherein keine einheitliche, sondern besteht einerseits aus der Anlage der Keimdrüse, andererseits aus derjenigen des Ausführganges. Sie ist aber für beide Geschlechter ganz gleich, denn ein erkennbarer Unterschied zeigt sich erst viel später, wie das Folgende lehren wird.

Die Anlage des Ausführganges ist eine Einstülpung der Mantelhöhle, welche sich am rechten hinteren Ende derselben ventral vom Ureter bildet. Dieselbe (Pa) ist in Fig. 5 Taf. II auf einem Querschnitt, in Fig. 8 Taf. II auf einem horizontalen Schnitt, in Fig. 9 Taf. II auf einem sagittalen Schnitt dargestellt (gg). Gleichzeitig bildet die Wand des Herzbeutels an der der eben besprochenen Einstülpung gegenüberliegenden Stelle der Mantelhöhle eine Ausstülpung (Fig. 5, 8 und 9 auf Taf. II g), welche nichts anderes wie die Anlage der Geschlechtsdrüse ist.

Ich konnte auf Grund einer Schnittserie durch einen Embryo, bei welchem das Septum des Herzbeutels ungewöhnlich lang erhalten geblieben war, feststellen, daß die Anlage der Genitaldrüse in der ursprünglich linken Hälfte des Perikards entsteht, und zwar ungefähr da, wo sich die rudimentäre linke Niere zurückgebildet hat. Ebenso entsteht auch die Anlage des Ausführungsganges an der Stelle, wo der rudimentäre Ausführgang der linken Niere sich befand, und scheint einfach aus diesem hervorzugehen.

Der Querschnitt (Fig. 5 Taf. II) veranschaulicht die Topographie der Anlagen der Geschlechtsorgane. Der Abschnitt der Mantelhöhle (Mh), welcher zum primären Geschlechtsgang wird, liegt ventralwärts vom Ureter (*Ur*) zwischen Niere (*N*), Herzbeutel (*Pe*), dem Endabschnitt des Darmes (*i*) und dem Eingeweidesack (*E*). Auf demselben Schnitt ist die Verbindungsstelle zwischen Herzbeutel und Niere getroffen (*x*).

Sehr bald schnürt sich die Anlage der Geschlechtsdrüse von der Herzbeutelwand ab (Fig. 9 Taf. II) und bildet dann ein rundes Bläschen (*g*), dessen Lumen sehr eng ist; gleichzeitig rückt sie dem Geschlechtsgang immer näher. Sie streckt sich dann allmählich in die Länge (Fig. 10 Taf. II), während der Geschlechtsgang mittlerweile etwa bis zur dreifachen Länge ausgewachsen ist.

Letzterem Stadium entspricht der auf Taf. I Figur 9 in toto abgebildete Embryo, welcher bei Betrachtung von der linken Seite die Anlage des Geschlechtsapparates mit großer Klarheit zeigt (*Gg.G*). Der Geschlechtsgang (*Gg*) liegt am hinteren ventralen Ende der geräumigen Mantelhöhle (*Mh*), hinter der Kieme (*Ki*), ventralwärts vom Endabschnitt des Darmes und dem Harnleiter (*Ur*). Er liegt auf der Figur unter dem Herzbeutel (*Pe*), ventralwärts von der Scheidewand, welche denselben von der Mantelhöhle trennt, vor der Urinkammer (*Uk*) und der Niere (*N*). Er ist im stumpfen Winkel nach hinten und ventralwärts gerichtet. Dicht an sein blindes Ende schließt sich die Geschlechtsdrüse (*g*) an, welche etwas nach vorn und stark ventralwärts gerichtet ist und in der Figur unmittelbar über der Leber (*L*) liegt.

Aus diesen Lagebeziehungen zur Leber erklärt es sich sofort, warum man die Anlage des Geschlechtsapparates nur von der linken Seite am ganzen Embryo sehen kann, sie wird bei Betrachtung von der rechten Seite von der Leber, welche mit ihren Drüsenschläuchen einen großen Teil des Eingeweidesackes einnimmt, vollkommen überdeckt.

Übrigens zeigen Geschlechtsdrüse und Geschlechtsgang genau dieselbe histologische Beschaffenheit, ein Zustand, welcher sich bis zur Geburt der jungen Schnecke und noch längere Zeit darauf erhält.

Von dem eben besprochenen Stadium ab können die Geschlechtsorgane wegen der rasch zunehmenden Größe des Embryo nicht mehr am ganzen Objekt verfolgt werden, und da dieselben zu klein und zerbrechlich sind, als daß sie präpariert werden könnten, so ist man auf die Schnittmethode angewiesen.

3*

Die Geschlechtsdrüse und der primäre Geschlechtsgang wachsen immer stärker aus und fangen an, sich der Körperform anpassend, zu winden. Bei Embryonen von 2,5—3 mm Länge zeigt sich der erste Unterschied in Bezug auf das Geschlecht, insofern sich beim Männchen jetzt das eigentliche Vas deferens anlegt. Nur der gerade auf den Hoden folgende Teil des männlichen Ausführganges entspricht dem primären Geschlechtsgang, der ganze übrige Teil entsteht unabhängig davon durch Einstülpung einer auf dem Boden der Mantelhöhle gebildeten Rinne, welche sich nach der Einstülpung abtrennt und ein unter der Rückenhaut im Bindegewebe liegendes Rohr bildet.

Auf dem in Fig. 6 und 7 der Taf. II abgebildeten Stadium verläuft diese Rinne, welche also die Anlage des sekundären männlichen Geschlechtsganges ist, von dem hinteren Ende des Rückenwulstes bis etwa in die Gegend der Otolithenblase nach vorn. Fig. 7, welche die Rinne bei stärkerer Vergrößerung darstellt, während Fig. 6 nur die Topographie derselben erläutern soll (7 ist ein Stück des in 6 abgebildeten Schnittes bei stärkerer Vergrößerung), zeigt, daß die Rinne durch zwei Falten des Rückenepithels gebildet wird.

Diese Falten dürfen nicht mit den später bei beiden Geschlechtern auftretenden Falten des Bodens der Mantelhöhle verwechselt werden, welche eine Art Sipho bilden, welcher das Wasser zu der Kieme leitet. Diese, beim reifen Embryo schon mächtig entwickelten Falten existieren auf dem eben besprochenen Stadium noch nicht.

Bald schnürt sich die Samenrinne zu einer Röhre ab, welche sich in das Innere herabsenkt und als feines Rohr auf der rechten Seite des Embryo von hinten nach vorn wächst (Fig. 4 Taf. II vd)[1]. Das Rohr scheint dann selbständig nach vorn auszuwachsen und gelangt so am Kopfende in den rechten Tentakel hinein, welchen es bald in seiner ganzen Länge durchsetzt, während schon die Rinne nach hinten und links bis zu der Stelle verläuft, wo der primäre Geschlechtsgang in die Mantelhöhle mündet (Taf. II Fig. 11 Gg und Vd). Auf Grund dieser Befunde läßt sich feststellen, daß der ganze vordere Abschnitt der männlichen Ausführ-

---

[1] Die auf der rechten Seite in Fig. 4 sichtbare Falte ist die sogenannte Krause oder Epipodium. Bouvier hält dasselbe für ein falsches Epipodium, auf Grund der Innervierung, während Pelseneer es für ein echtes Epipodium erklärt.

gänge bis zu der Knickung (Holzschnitt) auf Kosten des sekundären männlichen Geschlechtsganges entsteht, während der gerade auf den Hoden folgende Abschnitt (mit 1 bezeichnet) dem primären männ- lichen Geschlechtsgang zum größten Teil entspricht. Auf dem Stadium, wo der Embryo als reif bezeichnet werden kann, d. h. unmittelbar vor der Geburt, steht bereits die Keimdrüse beim Männchen in Zusammenhang mit dem hinteren Ende des primären Geschlechtsganges. Nicht so beim Weibchen, wo der Zusammenhang noch nicht ganz hergestellt ist.

Stadien, welche etwas jünger als das eben erwähnte sind, zeigen, daß bei beiden Geschlechtern ein wenn auch kurzes Stück der Leitungswege der Geschlechtsprodukte aus der Keimdrüsenanlage selbst hervorgeht.

Beim reifen Embryo befindet sich die Keimdrüse beider Ge- schlechter in einem noch völlig indifferenten Zustand und läßt sich kaum von den Leitungswegen unterscheiden, welche aber noch auf Schnitten einen Flimmerbesatz ihres Epithels zeigen (Fig. 12 Taf. II *Gg*).

Fig. 12 (Taf. II) stellt einen Querschnitt durch den Spindel- teil eines reifen weiblichen Embryo vor. Das Ovar fängt bereits an, die Ausstülpungen oder kurzen Blindschläuche zu bilden, welche sich am röhrenförmigen Eierstock des geschlechtsreifen Tieres nach- weisen lassen.

Bis jetzt ist nur von Entwicklungsvorgängen die Rede gewesen, welche sich innerhalb des Muttertieres am Embryo abspielen. Wie schon erwähnt, wird die junge Schnecke geboren, ehe der Geschlechts- apparat seine definitive Ausbildung erlangt hat.

Für das Männchen ist es möglich, den Ursprung der verschie- denen Teile des Geschlechtsapparates vor der Geburt festzustellen, nicht so für das Weibchen. Hier ermöglicht erst das Auftreten der Eiweißdrüse zu entscheiden, welche Abschnitte dem Mesoderm, welche dem Ektoderm ihre Entstehung verdanken.

Die ersten Spuren der Eiweißdrüse fand ich an jungen Schnecken, welche zwischen 7—9 Wochen alt waren. Sie zeigen sich als Drüsenschläuche, welche als Ausstülpungen des weiblichen Aus- führganges entstehen, und zwar dicht vor der Stelle, wo sich der Ausführgang mit der röhrenförmigen weiblichen Geschlechtsdrüse vereinigt hat.

Somit ist die Eiweißdrüse eine ektodermale Bildung. Daß die- selbe wirklich aus dem Geschlechtsgang, welcher jetzt schon mit dem Ovar in Zusammenhang getreten ist, hervorgeht, läßt sich leicht aus dem Vergleich mit jüngeren Stadien entnehmen. Die Vereinigung vom weiblichen Ausführgang und dem Ovar findet in der Gegend statt, wo der Verbindungskanal zwischen Herzbeutel und Niere sich befindet. Der weibliche Ausführgang zeigt schon an dieser Stelle die Knickung, welche für den eigentlichen Eileiter (vgl. Holzschnitt 3) charakteristisch ist. Die Drüsenschläuche der Eiweißdrüsen treten gleich in Mehrzahl, 8—12, auf. Das Ovar selbst unterscheidet sich noch gar nicht von dem des Stadiums, von welchem Fig. 12 Taf. II entnommen ist. Das Keimdrüsenepithel ist noch vollkommen undifferenziert.

Es ergiebt sich aus dem Verlaufe der Entwicklung der Geschlechtsorgane, daß die Keimdrüsen beider Geschlechter einander homolog sind, weiter entspricht der gerade auf den Hoden folgende Abschnitt der männlichen Leitungswege mit Ausnahme eines kurzen unmittelbar auf den Hoden folgenden mesodermalen Stückes der Totalität der weiblichen Ausführgänge, d. h. dem Eileiter, welcher an der Einmündungsstelle der Eiweißdrüse beginnt, dem Uterus und der Vagina. Dem kurzen mesodermalen Teile des männlichen Ausführganges entspricht derjenige Teil des Ovars, welcher sich von der Eiweißdrüse bis etwa zu der Stelle erstreckt, wo der Eierstock Ausstülpungen treibt. Das eigentliche Vas deferens, von der Knickung bis zum rechten Tentakel, ist beim Weibchen gar nicht mit einem homologen Teil vertreten, es ist eine dem Männchen allein zukommende Bildung.

Ich glaube somit einen Überblick über die wichtigsten Punkte in der Entwicklung des Geschlechtsapparates gegeben zu haben und habe die weiteren Veränderungen, welche derselbe bis zu seiner völligen Ausbildung noch durchzumachen hat, die vorwiegend histologischer Natur sein dürften, nicht untersucht.

Ich habe bereits hervorgehoben, daß die Bildung der Geschlechtsdrüse aus dem Epithel des Herzbeutels die Deutung desselben als sekundäre Leibeshöhle oder Cölom bestätigt. Diese Thatsache ist schon durch vergleichend-anatomische Untersuchungen in allen Klassen der Mollusken festgestellt worden. Im ersten Teile dieser Arbeit führte ich schon die Durchbohrung des Herzens durch den Darm, welche sich bei den meisten Lamellibranchien und einigen Prosobranchiern findet, als Beweis dafür an. Eine wichtige Stütze für die Homologie des Cöloms und des Perikards wird durch das Verhältnis der Geschlechtsorgane zum Herzbeutel geliefert.

Die Untersuchungen GROBBENS[1] an den Cephalopoden haben ergeben, daß die Geschlechtsprodukte in den Herzbeutel (Cölom) fallen und dort durch die Geschlechtsleiter nach außen geführt werden. Dasselbe Verhalten zeigen die Neomenien.

Bei den Lamellibranchiaten ist dies nur annähernd der Fall, wie ich später erklären will. Ich glaube gezeigt zu haben, daß die Prosobranchiaten prinzipiell dasselbe Verhalten zeigen, wenn man aus der Entwicklung von Paludina auf die übrigen Formen schließen darf.

Ich vermuthe, daß bei den Chitonen ebenfalls die Geschlechts-drüse aus dem Epithel des Herzbeutels entsteht, da die Lagerungs-beziehungen derselben zum Perikard, mit welchem sie verwachsen ist, sehr dafür sprechen. Wahrscheinlich wird sich auch dasselbe für die Dentalien[2] herausstellen, deren Herzbeutel erst neuerdings nachgewiesen worden ist.

Von großer Bedeutung sind auch die Beziehungen der Geschlechts-gänge zu den Harnleitern. HUBRECHT giebt für Proneomenia Sluiteri und Dondersia festiva[3] an, daß die Zwitterdrüse in den Herzbeutel führt, von dort gelangen die Geschlechtsprodukte durch die Harnleiter nach außen. Fast dasselbe Verhalten zeigen unter den Lamellibranchiaten die primitiveren Formen, wie die Nuculiden und Solenomya nach den neuesten Untersuchungen von PELSENEER[4], mit dem Unterschied, daß die Geschlechtsprodukte nicht direkt in den Herzbeutel passieren, sondern in der Höhe des Herzbeutelnierenganges in den Anfangsteil der Niere gelangen. PELSENEER zieht daraus den Schluß, daß bei den Vorfahren der Lamellibranchiaten die Sexualprodukte in das Perikard gelangten. Auch bei den Dentalien soll nach LACAZE-DUTHIERS[5] die Geschlechts-

[1] C. GROBBEN, Morphologische Studien über den Harn- und Geschlechts-apparat, sowie die Leibeshöhle der Cephalopoden. Arbeiten aus dem zoolog. Institut zu Wien. V. 1884.

[2] L. PLATE, Über das Herz der Dentalien. Zoolog. Anz. XIV. Jahrg. Nr. 357. 1891.

[3] A. A. HUBRECHT, Proneomenia Sluiteri. Gen. W. sp. n. with remarks on the anatomy and histologie of Amphineura. Niederl. Archiv für Zool. Suppl. 1881. Dondersia festiva. Gen. et spec. nov. Donders Fastbundel. Niederl. Tijdschr. Geneesk. T. 8—9. 1888.

[4] P. PELSENEER, Contribution à l'étude des Lamellibranches. Archiv de biologie. XI. 1891.

[5] H. DE LACAZE-DUTHIERS, Histoire de l'organisation et du développement du Dentale.

drüse in die rechte Niere und gemeinschaftlich mit derselben ausmünden.

PLATE[1] verbesserte diese Angabe dahin, daß die Geschlechtsprodukte einfach durch Platzen der reifen Geschlechtsdrüse in die
Niere ergossen werden, und zwar gewöhnlich in die rechte, ausnahms-
weise auch in die linke.

v. IHERING (9) behauptet, daß die rechte Niere der Fissurella
mit dem Geschlechtsgang gemeinschaftlich ausmündet, indem der
Endteil der Niere den Geschlechtsgang aufnimmt.

BOUTAN (31) bestätigt dies.

Dasselbe gab WEGMANN[2] für Haliotis und DALL[3] für Patella zu.

Dagegen leugnet HALLER (30) aufs entschiedenste, daß bei den
beiden erwähnten Prosobranchiern der Geschlechtsgang in näherer
Beziehung zum Harnleiter stünde. R. PERRIER bestätigt wieder die
Angaben v. IHERINGS und WEGMANNS, indem er auf Schnitten fand,
daß bei Haliotis die Geschlechtsdrüse in den mittleren Teil der
Niere ausmündet, bei Fissurella in der Nähe der Nierenmündung.
Vergleicht man das Mitgeteilte mit der Entwicklung des Geschlechtsganges bei Paludina, wo derselbe aus dem Ausführgang der rudimentären (ursprünglich) linken Niere entsteht, so ist wohl der Schluß
gerechtfertigt, daß bei den Monotocardiern der Geschlechtsgang sich
aus dem Harnleiter hervorgebildet hat. Gleichzeitig wird dadurch
die von mir im ersten Teile dieser Arbeit aufgestellte Behauptung,
daß die allein erhaltene Niere der ausgebildeten Paludina der linken Niere der Diotocardier und Heterocardier entspreche, bestätigt. Bei diesen Formen ist es ja stets die rechte
Niere, in welche beim ausgewachsenen Tier die Geschlechtsdrüse
mündet. Dem entsprechend hat die rudimentäre Niere der Paludina,
welche der rechten Niere der Diotocardier entspricht, sich zurückgebildet, und ihr Ausführgang ist zum Geschlechtsgang geworden.
v. IHERING giebt in seiner Arbeit über die natürlichen Verwandt-
schaften der Cochliden und Ichnopoden[4] eine Übersicht über die
allmähliche Entwicklung der Geschlechtsleiter bei den Gasteropoden,

[1] L. PLATE, Bemerkungen zur Organisation der Dentalien. Zool Anz.
1888. pag. 509—416.
[2] H. WEGMANN, Contribution à l'histoire naturelle des Haliotides. Arch.
de Zoologie experimentale. 1. Serie. T. II. 1884.
[3] W. H. DALL, Recent advances in our knowledge of the Limpets (Patella). Bull. Phil. Soc. Washington. Vol. VII. pag. 4.
[4] l. c.

und zwar bei seinen Cochliden, welche mit der eben vorgetragenen Ansicht harmoniert. —

Demnach stimmen meine Beobachtungen mit den Resultaten der vergleichenden Anatomie überein. Ich will nun versuchen zu zeigen, daß sie ferner mit den Beobachtungen anderer über die Entwicklung der Geschlechtsorgane der Mollusken übereinstimmen, falls man dieselben kritisch prüft und richtig deutet.

Wenn auch die Molluskenentwicklung der Gegenstand zahlreicher Untersuchungen gewesen ist, so haben sehr wenige die Entwicklung des Geschlechtsapparates berücksichtigt und nur Eisig (38), Rouzaud (42), Brock (43) und Klotz (48) haben speziell dieses Thema behandelt. Diese Arbeiten beziehen sich sämtlich auf Pulmonaten, meines Wissens giebt es gar keine Untersuchung, in welcher die Bildung der Genitalorgane bei Prosobranchiern beschrieben ist.

Wenn man von einigen älteren Arbeiten absieht, so kommt zuerst die Untersuchung Eisigs (38) über Lymnaeus in Betracht. Er unterscheidet drei getrennte Anlagen des Geschlechtsapparates. ohne anzugeben, aus welchen Keimblättern dieselben sich anlegen, ein Mangel, welcher sich leicht aus der Zeit, in welcher Eisigs Arbeit verfaßt wurde, erklären läßt.

Rouzaud (42) läßt bei mehreren Pulmonaten den ganzen Geschlechtsapparat aus einer ektodermalen Knospe entstehen, welche allmählich in das Innere des Embryo hineinwuchert und sich nach und nach differenziert.

Brock (43) dagegen findet bei Agriolimax agrestis die sämtlichen Leitungswege in einem mesodermalen Strang, welcher erst später mit den gleichfalls aus dem Mesoderm stammenden Geschlechtsdrüsen in Verbindung tritt.

Klotz (48) nahm die Untersuchungen Eisigs an Lymnaeus wieder auf und fand, daß der Geschlechtsapparat in Übereinstimmung mit den früheren Angaben sich aus drei getrennten Anlagen bildet. Der Penis entsteht als eine ektodermale hohle Einstülpung, der Uterus und die Prostata entstehen getrennt vom Penis und wahrscheinlich mesodermal, endlich entsteht die Zwitterdrüse wiederum für sich und ebenfalls mesodermal.

Die übrigen Autoren, welche sich mit der Bildung des Geschlechtsapparates befaßt haben, machen darüber nur ganz kurze Angaben.

So läßt Ganin (3) das Epithel der Genitalorgane aus dem Ektoderm entstehen, Rabl (5) dagegen bestreitet dies, da er keine Ektoderneinstülpung beobachten konnte. Nach v. Ihering (6), welcher nur ältere Stadien berücksichtigte, gehen sämtliche Geschlechtsorgane aus dem Mesoderm hervor.

FOL (7) behandelt nur die Bildung der Keimdrüse bei den Pteropoden und behauptet, daß der männliche Teil derselben aus dem Ektoderm, der weibliche dagegen aus dem Entoderm des Lebersackes entsteht.

JOYEUX LAFFUIE (21) sieht bei Onchidium in einer kleinen Hervorragung des Ektoderms in das Innere des Embryo zwischen der Niere und dem After die Anlage der Geschlechtsdrüse. Diese soll sich schon ziemlich früh, etwa zu derselben Zeit wie die Niere anlegen. Er vermutet, daß der genannte Geschlechtsapparat vom äußeren Keimblatt abgeleitet werden dürfte.

Vor dem Erscheinen der KLOTZ'schen Arbeit gab SCHIEMENZ einen Überblick über die sämtlichen Angaben, welche sich auf die Entwicklung der Genitalorgane bei den Gastropoden beziehen (42). Er kommt durch Vergleichung derselben zu folgenden Schlüssen, welche sehr gut mit den Resultaten meiner Untersuchung über die Entwicklung von Paludina harmonieren.

Es legt sich das Keimorgan nur aus dem Mesoderm an, dann stülpt sich der Penis aus dem Ektoderm ein, dann verbindet sich das Keimorgan mittels des Zwitterganges, der ein Teil von ihm ist, mit dem Ende des Genitalganges und dem Penis mit demselben durch das Vas deferens. Zum Schluß entwickeln sich die accessorischen Organe und Drüsen.

Die SCHIEMENZ'schen Schlüsse beziehen sich sämtlich auf die Pulmonaten, da nur diese eingehender untersucht worden sind. Nun sind die Pulmonaten bekanntlich Zwitter, daher kann man auf Grund der vorliegenden, an einem Prosobranchiër, welcher, wie alle zu dieser Gruppe gehörigen Tiere, mit der Ausnahme von Valvata, getrennten Geschlechtes ist, angestellten Beobachtungen nicht direkt auf die zwitterigen Formen schließen. Es scheinen mir aber folgende wichtige Punkte festzustehen.

Die Keimdrüse entsteht aus dem Mesoderm, wahrscheinlich durchgehend aus dem Epithel des Herzbeutels, d. h. der reduzierten sekundären Leibeshöhle; die Leitungswege, mit Ausnahme eines kurzen sich an die Geschlechtsdrüse anschließenden Stückes, ektodermal, und zwar als eine Einstülpung der Mantelhöhle; das Begattungsorgan entsteht ektodermal, ebenso das Vas deferens, welches sich als eine Rinne anlegt und entweder als eine solche bestehen bleibt oder sich zu einer Röhre abschnürt. Die eben geschilderte

Bildungsweise des Vas deferens wird durch die vergleichende Anatomie bestätigt, da bei den meisten Prosobranchiern der Samenleiter keine Röhre, sondern eine offene Rinne ist, was wohl als das primitivere Verhalten angesehen werden darf.

Auf Grund dieser Resultate glaube ich auch eine Erklärung der Angaben Fols liefern zu können. Ich vermute, daß die Zwitterdrüse ganz aus dem Mesoderm entsteht, die Leitungswege als eine Einstülpung des Ektoderms. Es ist nämlich sehr unwahrscheinlich, daß ein Teil der Zwitterdrüse aus dem Ektoderm, ein anderer aus dem Entoderm entstehen sollte. Die Lagerung derselben ganz in der Nähe der Leber und zwischen dieser und dem Herzbeutel gestatten den Schluß zu ziehen, daß die Entstehung eine ähnliche wie bei Paludina sein wird.

Diese jetzt abgeschlossene Untersuchung über die Entwicklung von Paludina sollte sich zuerst nur auf die Entwicklung des Herzbeutels und der Niere erstrecken. Es zeigte sich aber bald, daß Paludina ein besonders geeignetes Objekt für die Erforschung der Gasteropodenentwicklung ist, und ich hielt es für wünschenswert, gerade einen Prosobranchier eingehender zu studieren, da deren Embryologie nicht in dem Maße durchbearbeitet worden ist wie z. B. diejenige der Pulmonaten. Daher kommt es auch, daß diese Arbeit nicht so plangemäß eingeteilt ist, als es die meisten Arbeiten zu sein pflegen, welche die ganze Entwicklungsgeschichte eines Tieres behandeln sollen. So ist unter anderem die Furchung nicht beschrieben worden, da es mir nicht gelungen ist, alle nötigen Studien davon zu erhalten. Dasjenige, was ich selbst davon beobachtet habe, sowie die Angaben Blochmanns (24), zeigt, daß sie nicht wesentlich von dem für die Gasteropoden typischen Schema abweicht, nur ist der Größenunterschied zwischen den Makro- und den Mikromeren ein geringerer, als es sonst der Fall ist, weil bei Paludina die Dottermenge relativ klein ist. Auch die Entwicklung des Darmes ist nur nebenbei berücksichtigt worden. Jedoch hoffe ich über die meisten wichtigen Punkte genügende Auskunft gegeben zu haben.

Zum Schluß sei es mir gestattet, meinem verehrten Lehrer Prof. Bütschli für das Interesse zu danken, welches er auch dem zweiten Teil dieser unter seiner Leitung ausgeführten Untersuchung entgegengebracht hat.

Heidelberg, den 1. Juli 1891.

Litteratur-Verzeichnis.

(Folge und Schluß.)

38) H. Eisig, Beiträge zur Entwicklung der Geschlechtsorgane von Lymnaeus. Zeitschrift für wiss. Zoologie. Vol. XX. 1869.

39) M. Baudelot, L'appareil générateur des Mollusques gastéropodes. Ann. sc. nat. zool. 4. Sér. XIX. 1863.

40) H. v. Ihering, Vergleichende Anatomie des Nervensystems und die Phylogenie der Mollusken. W. Engelmann. Leipzig 1877.

41) J. Brock, Untersuchungen über die interstitielle Bindesubstanz bei den Mollusken. Zeitschrift für wiss. Zoologie. Bd. XXXIX. 1883.

42) H. Rouzaud, Recherches sur le développement des organes génitaux de quelques gastéropodes hermaphrodites. Thèse. Montpellier 1885.

43) J. Brock, Die Entwicklung des Geschlechtsapparates der stylommatophoren Pulmonaten. Zeitschrift für wiss. Zoologie. Bd. XLIV. 1886.

44) E. L. Bouvier, Système nerveux morphologie générale et classification des Gastéropodes prosobranches. Thèse. Paris 1887.

45) H. Simroth, Über die Genitalentwicklung der Pulmonaten etc. Zeitschrift für wiss. Zoologie. Bd. XLV. 1887.

46) P. und F. Sarasin, Ergebnisse naturwissenschaftlicher Forschungen auf Ceylon. Aus der Entwicklungsgeschichte der Helix Waltonii. 1888.

47) P. Schiemenz, Die Entwicklung der Genitalorgane bei den Gasteropoden. Biologisches Centralblatt. Bd. VII. 1888.

48) J. Klotz, Beitrag zur Entwicklungsgeschichte u. Anatomie des Geschlechtsapparates von Lymnaeus. Jenaische Zeitschrift. Bd. XXIII. 1888.

49) P. Fischer et E. L. Bouvier, Sur l'organisation des Gastéropodes prosobranches sénèstres. Comptes rendus Acad. sc. Paris. T. CX. No. 8. 1890.

50) F. Schmidt, Die Entwicklung des Centralnervensystems der Pulmonaten. Sitzber. der Dorpater naturf. Ges. 1890. 26. April.

51) F. Bernard, Recherches sur les organes palléaux des Gastéropodes prosobranches. Thèse. Paris. Ann. sc. nat. zool. 1890.

52) Annie P. Henchman, The origin and development of the central nervous system in Limax Maximus.

Erklärung der Abbildungen.

Folgende Bezeichnungen gelten durchweg für alle Figuren.

a After, *au* Auge, *ao* Aorta, *aoa* A. anterior, *aop* A. posterior.

b Buccalganglien.

c Cerebralganglien, *co* Konnektiv.

d Speicheldrüsen, *de* Deckel, *dr* Drüsen des Mantelrandes.

ew Eiweißdrüse, *ect* Ektoderm.

f Fühler, *F* Fuß, *fa* Falte.

g Geschlechtsdrüse, *gl* Glaskörper, *gg* Geschlechtsgang.

gr Gruben des SPENGEL'schen Organs.

h fingerförmige Ausstülpungen des rechten Mantelrandes.

i Darm, *j* Schalenknopf.

Ka Herzkammer, *Kar* Kiemenarterie.

Ki Kieme, *Kv* Kiemenvene.

l Linse, *L* Leber.

m Mund, *Ma* Magen, *Mu* Mantelwulst, *Mf* Mantelfalz, *Mh* Mantelhöhle.

n Niere, *nc* Nerv.

or Ovar, *Od* Oviduct, *Oe* Ösophagus.

ot Gehörorgan.

p Penis.

Pe Herzbeutel.

q Plasmazellen = Nuchalzellen.

rs Receptaculum seminis, *rd* Radulasack.

supr Supraintestinalganglion, *sub* Subintestinalganglion, *Sp* SPENGEL'sches
　　Organ, *Sch* Schalendrüse, *Si* Sinus, *Sia* Rumpfsinus, *Sip* Eingeweide-
　　sinus.

T Hoden.

U Uterus, *Ur* Ureter, *Us* Ursinus, *Un* Urniere, *Ud* Urdarm, *Uk* Urin-
　　kammer.

v Velum, *V* Vagina, *Vs* Vesicula seminalis, *Vd* Vas deferens, *Vo* Vorhof,
　　Vv Venenwurzel.

W Visceralganglion.

Wu Wulst des SPENGEL'schen Organs.

x Einmündung der Niere in den Herzbeutel.

　　Um das Alter der Embryonen, durch welche die abgebildeten Schnitte
gelegt sind, zu bestimmen, wird jedesmal auf die im ersten Teile in toto
abgebildeten Embryonen verwiesen.

　　Die Umrisse sämtlicher Figuren sind mit dem ABBE'schen Zeichenapparat
entworfen. Die Vergrößerung ist bei jeder Figur angegeben.

Sämtliche Schnitte sind so abgebildet, daß man auf die vordere Schnittfläche sieht, indem die Schnitte von der Mundgegend anfangend allmählich
nach hinten fortschreitend geführt wurden. Was in der Figur rechts liegt,
ist auch beim Embryo rechts, links, links. Benutzt wurden die Zeiss'schen
Apochromate. Brennweite: 16—8—4 und 2 mm mit den Kompensationsocularen
4—6—8—12.

Tafel I. — XXVII

Fig. 1. Querschnitt durch die Schalendrüsengegend eines noch sehr jungen
Embryo (etwas älter als der auf Taf. XX Fig. 9 I. Teil). Vergr. 200.

Fig. 2. Querschnitt durch die vordere Gegend eines etwas älteren Embryo
(etwa wie Fig. 1 Taf. XXI I. Teil). Vergr. 100. Die Cerebralganglien
sind getroffen.

Fig. 3. Querschnitt durch die vordere Gegend eines Embryo (etwa wie Fig. 2
Taf. XXI I. Teil). Vergr. 100. Die Pedalganglien sind getroffen.

Fig. 4. Querschnitt (obere Hälfte) durch das vordere Ende eines Embryo
(etwas älter als der vorhergehende). Das linke Pallialganglion ist
getroffen. Vergr. 100.

Fig. 5. Querschnitt durch den Rumpf (etwa wie Fig. 3 Taf. XXI I. Teil).
Vergr. 100. Das Supra- und das Subintestinalganglion sind getroffen.

Fig. 6. Querschnitt durch das Auge eines Embryo (entspricht Fig. 9 auf
Taf. XXII). Vergr. 200.

Fig. 7. Querschnitt durch die vordere Gegend eines Embryo (etwa gerade so
alt wie Fig. 5). Vergr. 100. Die Buccalganglien sind getroffen.

Fig. 8. Querschnitt durch die hintere Gegend eines Embryo (etwa wie Fig. 1
Taf. XXII I. Teil). Vergr. 100. Das Visceralganglion ist getroffen.

Fig. 9. Ein ganzer Embryo von der linken Seite gesehen. Vergr. 50. Übersichtsbild.

Fig. 10. Querschnitt durch das sich vom Ektoderm ablösende Pedalganglion.
Homog. Immersion apochrom. 2 mm Brennweite. Zeiss.

Fig. 11. Querschnitt durch die Rumpfgegend eines Embryo (etwa wie Fig. 1
Taf. XXII I. Teil). Vergr. 100. Die Palliovisceralkonnektive sind
getroffen.

Fig. 12. Querschnitt durch die Augenanlage. Vergr. 200 (etwa wie Fig. 1
Taf. XXI I. Teil).

Fig. 13. Querschnitt durch den Kopf eines Embryo (etwa wie Fig. 9 Taf. I).
Vergr. 100. Das rechte Auge ist getroffen.

Fig. 14. Querschnitt durch die mittlere Gegend eines Embryo. Vergr. 100
(etwa wie Fig. 2 Taf. XXII I. Teil). Das Spengel'sche Organ ist
getroffen.

Tafel II. — XXVIII

Fig. 1. Querschnitt durch das Spengel'sche Organ eines etwa 3 mm langen
Embryo. Vergr. 200.

Fig. 2. Querschnitt durch die Herzgegend eines 2,5 mm langen Embryo.
Vergr. 100.

Fig. 3. Querschnitt dicht hinter dem Kopf. Länge des Embryo etwa 2 mm.
Vergr. 100.

Fig. 4. Querschnitt durch die vordere Rumpfgegend. Länge des Embryo 3 mm. Vergr. 50.

Fig. 4a. Querschnitt durch das Vas deferens. Vergr. 400. Derselbe Embryo.

Fig. 5. Querschnitt durch das Hinterende eines Embryo (etwa Fig. 1 Taf. XXII I. Teil). Vergr. 100.

Fig. 6. Querschnitt durch den Vorderteil des beschalten Hinterendes eines Embryo von 2,8 mm Länge. Zur Bildung des Vas deferens. Vergr. 40.

Fig. 7. Das sich einstülpende Vas deferens. Vergr. 40. Aus derselben Serie wie Fig. 6.

Fig. 8. Teil eines horizontalen Schnittes durch Herzbeutel und Kiemenhöhle eines Embryo (etwa Fig. 1 Taf. XXII I. Teil). Vergr. 200.

Fig. 9. Teil eines sagittalen Schnittes durch Herzbeutel und Kiemenhöhle eines Embryo (wenig älter als der vorhergehende). Vergr. 200.

Fig. 10. Teil eines sagittalen Schnittes durch einen Embryo, welcher etwas jünger als der in Fig. 9 auf Taf. I abgebildete ist. Die Geschlechtsdrüse und der primäre Geschlechtsgang sind getroffen.

Fig. 11. Querschnitt durch den vorderen Teil des beschalten Hinterendes. Länge des Embryo 3,4 mm. Vergr. 30.

Fig. 12. Querschnitt durch die Spindelgegend eines reifen weiblichen Embryo. Vergr. 200.

C. F. Winter'sche Buchdruckerei.

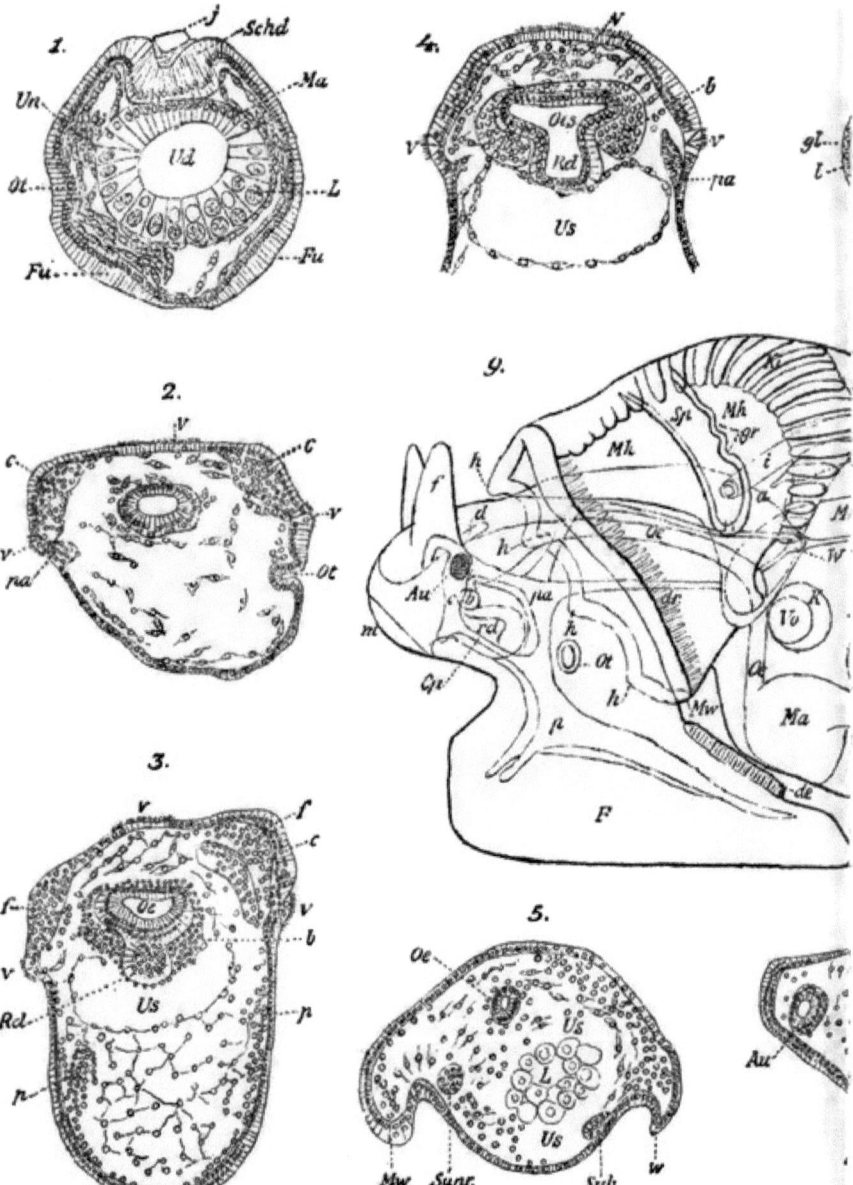

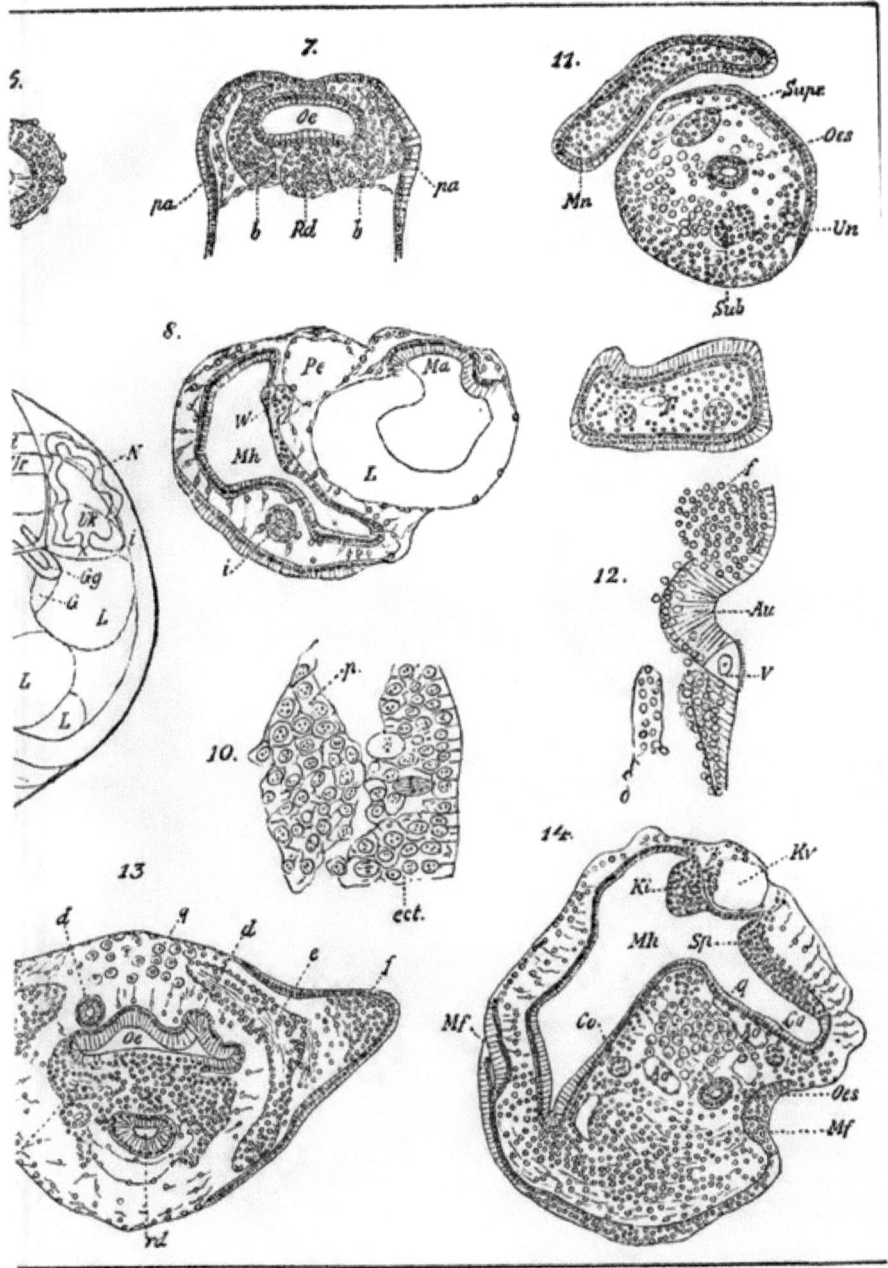

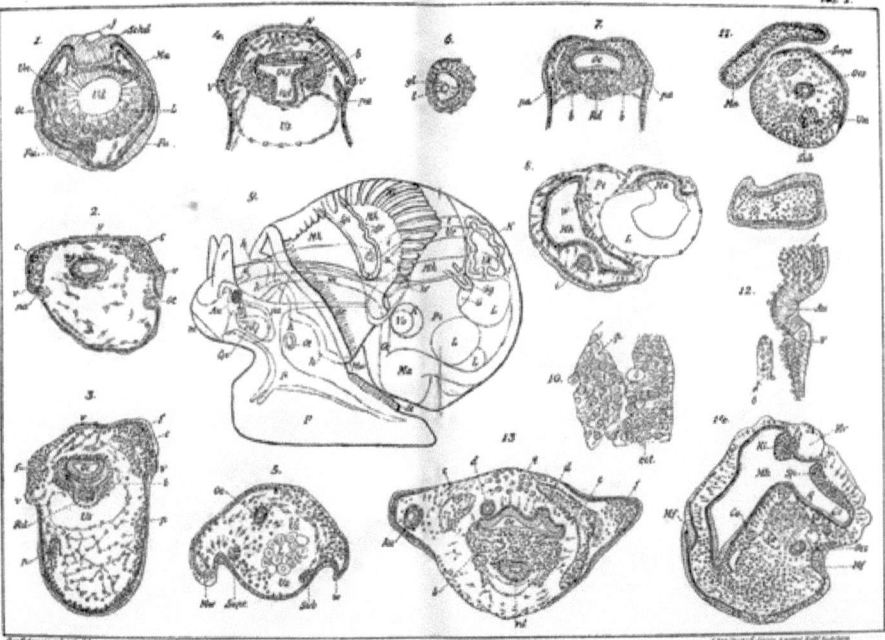

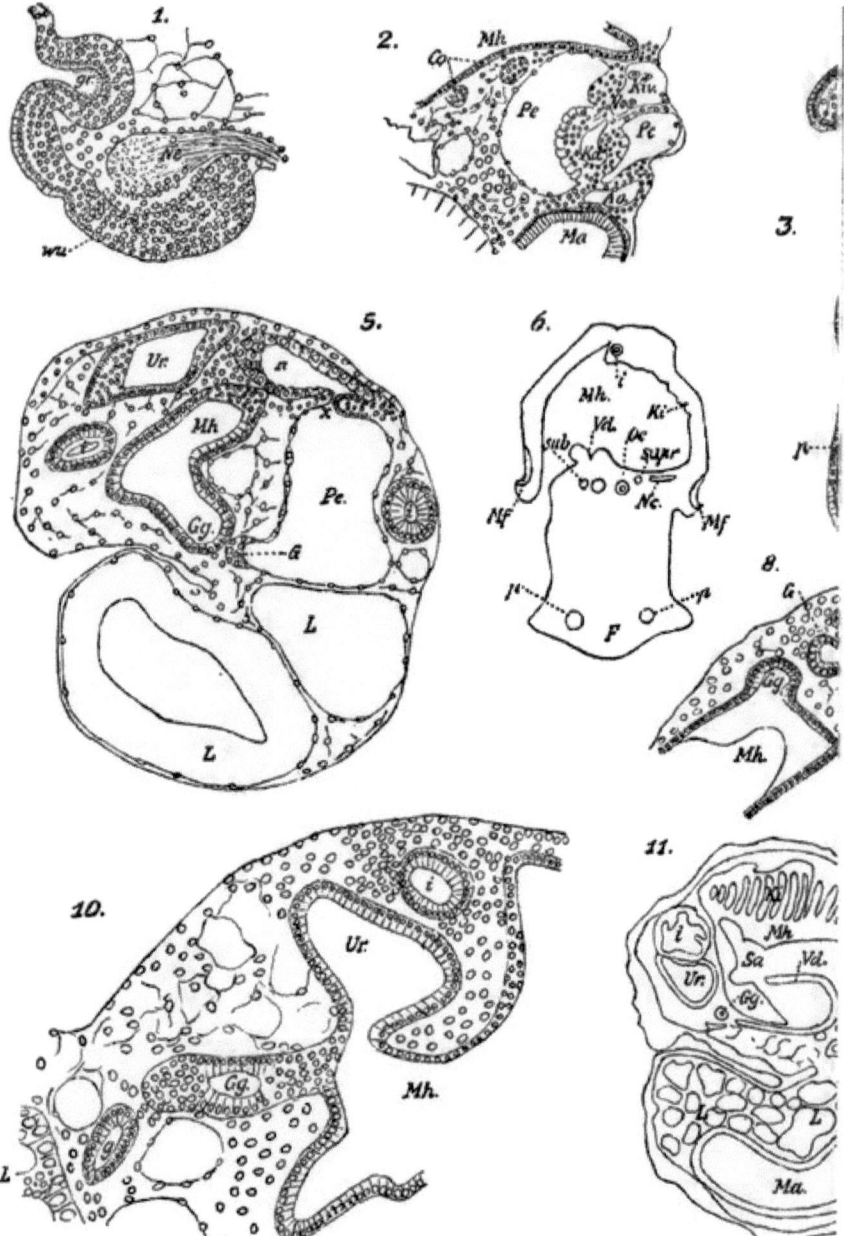

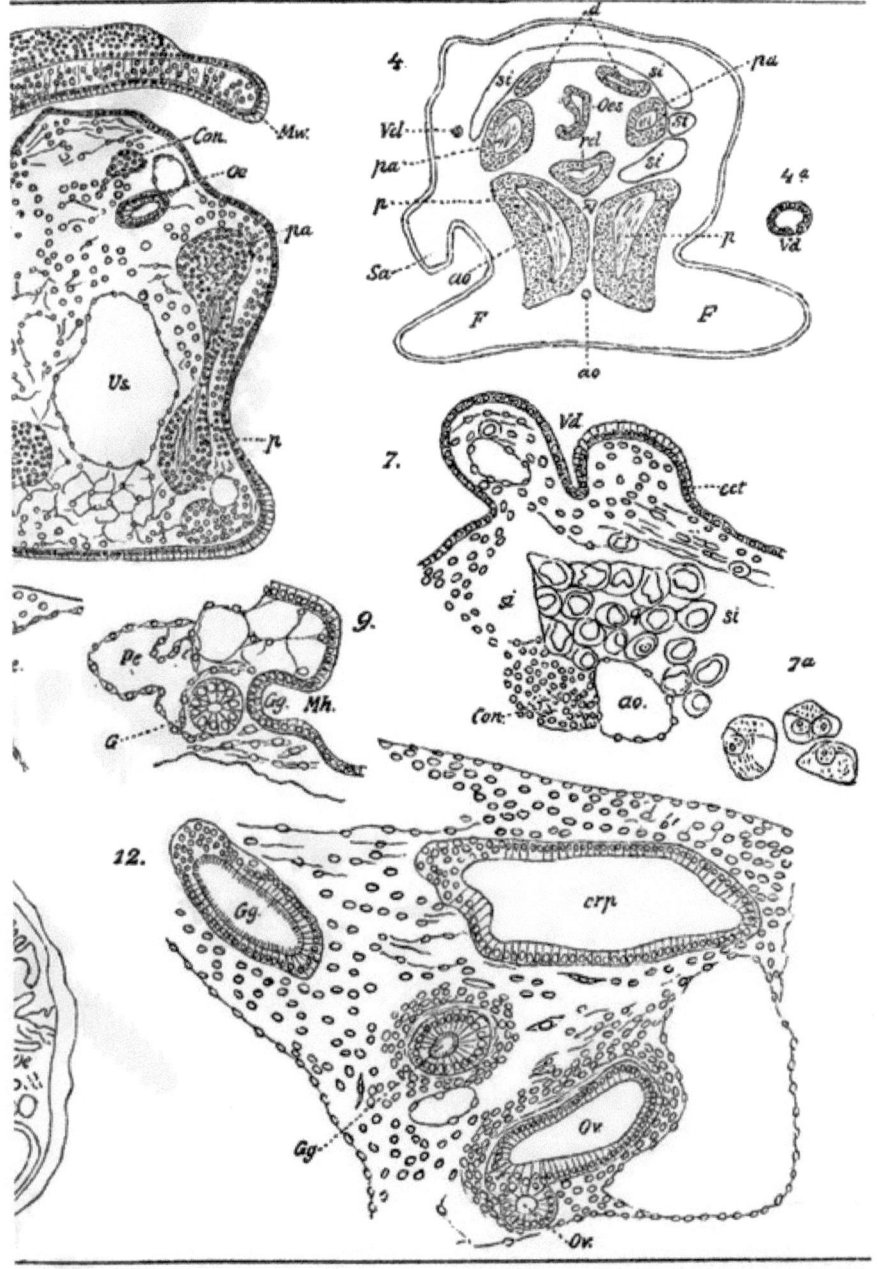

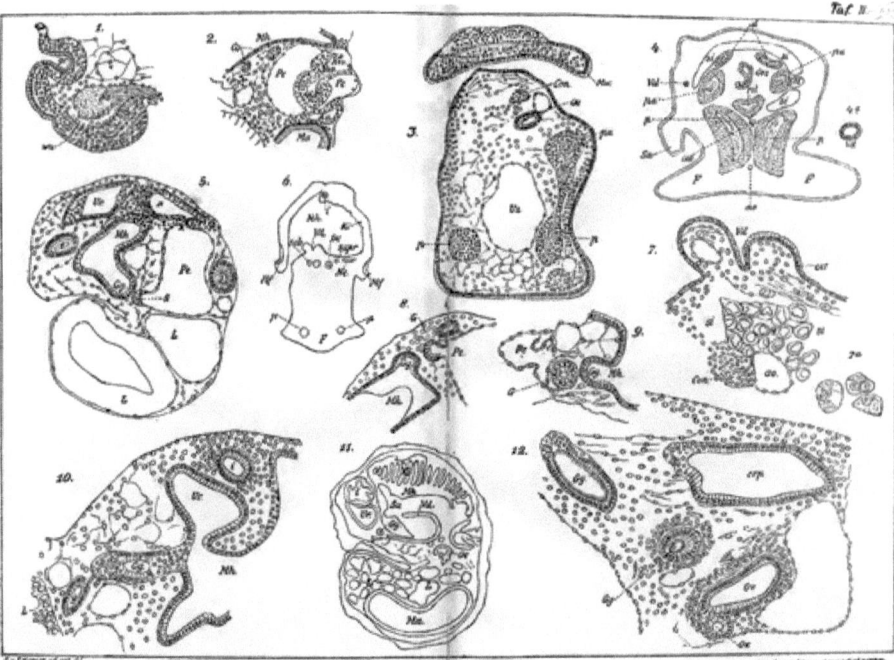